Michael Fischer

Reiten – leicht & logisch

So wirst du der bessere Reiter für dein Pferd

LV.Buch

M.F Training

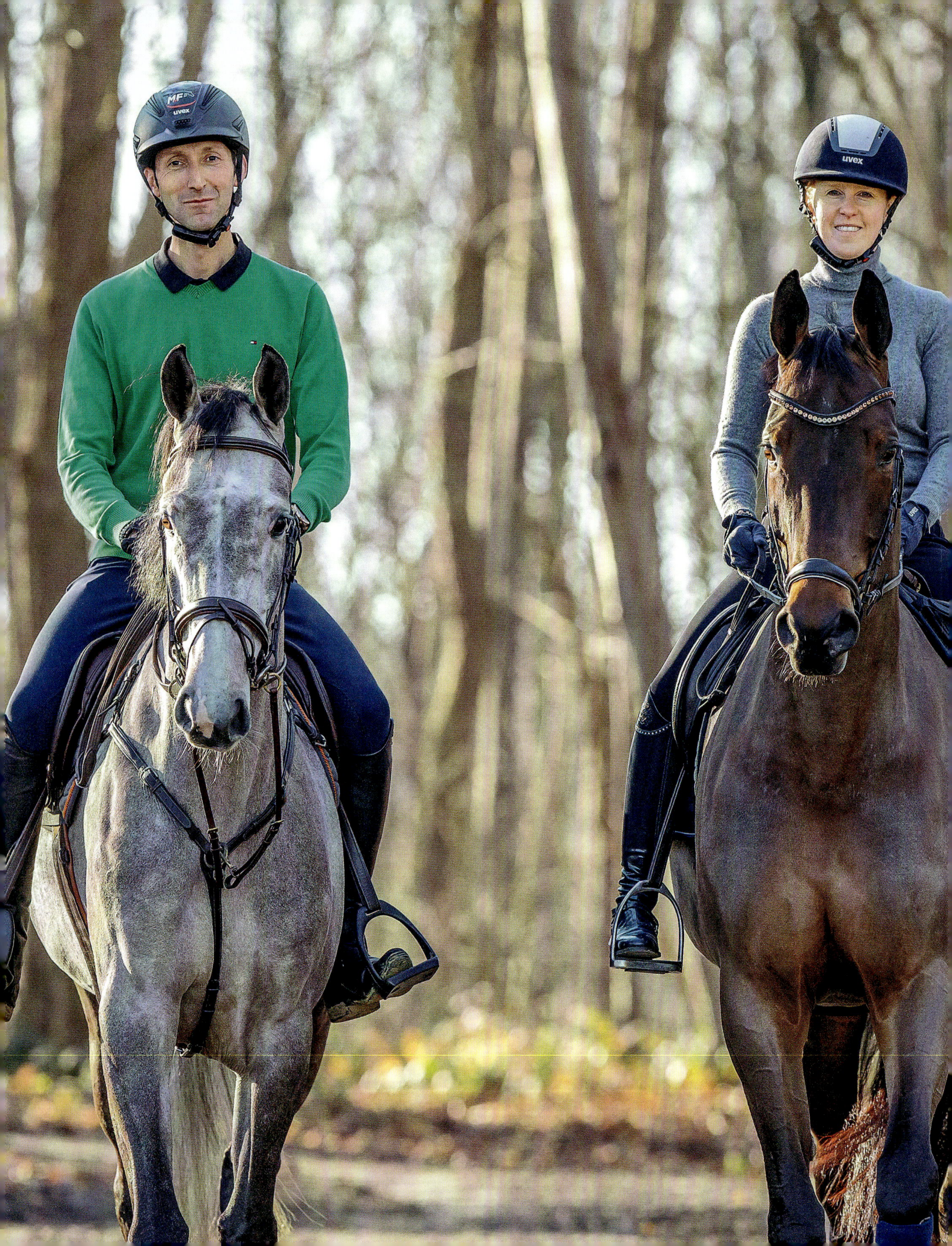
uvex
uvex

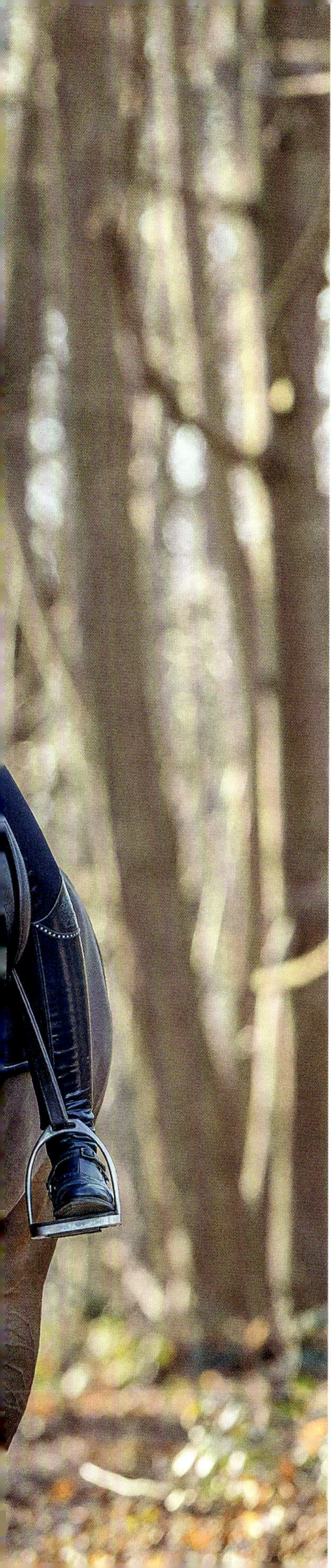

INHALT

Michael Fischer und Mercedes Fischer-Busse

VORWORT

Dieses Buch entstand aus dem Antrieb, dem Breitensport etwas zurückzugeben. Jeder weiß, dass der Spitzensport aus dem Breitensport entsteht und sich der Breitensport am Spitzensport orientieren sollte. Leider entwickeln sich im Reitsport diese zwei Bereiche immer weiter auseinander. Anstatt voneinander zu profitieren, wird fast nur noch negativ über den jeweils anderen geurteilt. Der Breitensport unterstellt dem Spitzensport, nur noch wirtschaftliche Interessen auf Kosten der Pferde zu verfolgen, und die Spitzensportler sehen weite Teile des Breitensports als „Pseudo-Pferdefreunde" in Verbindung mit gefährlichem Halbwissen.

Da ich mich in beiden Bereichen bewege, finde ich diese Entwicklung sehr bedauerlich. Wenn irgendwann die Topreiter nur noch die Topleute unterrichten und der Amateursport ausschließlich von Amateurtrainern begleitet wird, werden wir auf lange Sicht weder der einen noch der anderen Seite gerecht und den jeweiligen Pferden sowieso nicht! In diesem Buch zeige ich, welche Methoden, Gedanken und Übungen aus dem Leistungssport auch dem Breitensport zugutekommen könnten.

Reiten – im Wandel der Zeit

In einem Zeitalter von globaler Vernetzung und Internetzugang für jedermann sind wir Menschen gewohnt, in kürzester Zeit Antworten auf jegliche Fragen zu bekommen. Für nahezu alles gibt es Anleitungen, Vorlagen, Erklärungen oder Formeln, mit denen sich allerlei Probleme im Handumdrehen lösen lassen, ohne diese zwingend verstehen zu müssen.

Die Gewohnheit und somit der Wunsch, schnell und ohne Aufwand Ziele zu erreichen, ist heute in fast allen Lebensbereichen präsent und folglich auch im Reitsport spürbar verbreitet.

Eine Art Formel parat haben zu müssen, um gewünschte Ergebnisse zu erreichen, ist nicht nur in den Augen einiger Reitschüler, sondern

Der Wunsch, schnell und ohne Aufwand Ziele zu erreichen, ist auch im Reitsport spürbar verbreitet.

auch bereits bei vielen Trainern nahezu Pflicht. Das beeinflusst die Art und Weise des Unterrichtens und somit auch das Denken und Umsetzen von Anweisungen der jeweiligen Reitschüler. Ein klassischer Verlauf in vielen Reitstunden ist beispielsweise wie folgt: Das Pferd wendet nicht wie gewünscht ab. Der Reitschüler erwartet eine klare Anweisung, was er nun machen soll, damit das Pferd doch abwendet. Um möglichst schnell eine Lösung/Formel präsentieren zu können, werden dann bekannte Sätze/Regeln genannt, deren Richtigkeit angeblich nicht anzufechten ist. „Mehr innerer Schenkel und äußerer Zügel", ist in unserem Beispiel der wohl häufigste (beinahe sogar einzige) genannte Satz. So schnell sind alle vermeintlich zufrieden – der Trainer hat etwas „Richtiges" gesagt und der Schüler hat seine direkte und klare „Antwort/Formel" bekommen. Sollte es jetzt nicht direkt klappen, muss halt einfach mehr daran geübt werden.

Sowohl diese Art von Unterricht als auch Erwartungshaltung des Schülers führen leider zu immer weniger Wissen, Gefühl und Verständnis für Pferd und richtiges Reiten. Denn die eigentlich richtige Antwort auf die Frage: „Was muss ich machen, damit mein Pferd jetzt abwendet?", wäre die Gegenfrage: „WARUM wendet dein Pferd deiner Meinung nach gerade nicht ab?" Denn die Formel „innerer Schenkel, äußerer Zügel" trifft genau genommen nur dann zu, wenn das Abwenden des Pferdes bereits funktioniert (siehe Seite 32). Wenn sich weder Reiter noch Trainer die Frage nach dem Warum stellen, sondern stattdessen nur die schnelle Lösung suchen, wird es in den seltensten Fällen zu einer dauerhaften Verbesserung, geschweige denn zu einem klaren und nachvollziehbaren Verständnis für die richtigen Hilfen kommen. Wendet das Pferd zum Beispiel nicht wie gewünscht ab, weil es in der Schulter nach außen „verdreht" ist, könnte das Kommando „innerer Schenkel, äußerer Zügel" situationsbedingt sogar falsch sein. Denn erst wenn die

Schulter des Pferdes nach innen „gedreht“ ist, kann der äußere Zügel das Pferd auch außen begrenzen. Wenn das Pferd beispielsweise aufgrund einer blockierenden Hüfte des Reiters gar nicht abwenden kann, würde das Kommando „innerer Schenkel, äußerer Zügel“ ebenfalls nicht zu dem gewünschten Resultat führen. Selbiges würde eintreffen, wenn das Pferd der geforderten Aufgabe körperlich noch nicht gewachsen ist.

Ohne die Frage nach dem Warum werden einem die klassischen Formeln nicht weiterhelfen.

Ohne die Frage Warum etwas nicht funktioniert werden einem die klassischen Formeln nicht weiterhelfen. Erst wenn man als Reiter wirklich versteht, warum welche Hilfen wann und wie zu geben sind, wird man in der Lage sein, seinem Pferd angemessene Vorgaben zu geben. Somit sind jedermann bekannte Kommandos wie z. B. „Bein dran, Hand dran“ (vor allem beim Springen), „gestreckt und aufrecht sitzen“ oder eben „innerer Schenkel, äußerer Zügel“ erst dann wirksam und hilfreich, wenn man auch erkannt und verstanden hat, was diese Hilfen eigentlich vermitteln sollen. Ohne sich der tatsächlichen Ursache für das Nichtgelingen bewusst zu sein, wird man kaum die richtigen Lösungen und Methoden finden. Nur wer sich die Zeit nimmt, um herauszufinden, wozu welche Aufgaben und Hilfen eigentlich gedacht und sinnvoll sind, hat die Chance, ein guter und pferdegerechter Reiter beziehungsweise Trainer zu werden.

Wer nicht fragt warum, bleibt dumm.

Die Ausbildung zum Reitpferd ist die Schule für Pferde. Um in unserer Gesellschaft ein möglichst harmonisches und friedliches Miteinander zu erlangen, müssen auch wir Menschen uns an Vorgaben halten und gewisse Verhaltensregeln erlernen. Aus diesem Grund wurde zum Beispiel auch die Schulpflicht eingeführt.

Genauso ist es beim Pferd. Jedes Reitpferd benötigt eine Grundausbildung, um eine harmonische und pferdegerechte Zusammenarbeit mit dem Menschen erreichen zu können. Hier geht es aber nicht nur um Verhaltensregeln, sondern auch um körperliche Fitness, damit das Pferd keine physischen Schäden, unter anderem durch das Reitergewicht, erleidet.

Die Ausbildung zum Reitpferd ist die Schule der Pferde.

Natürlich ist es so, dass man als Pferd, aber auch als Mensch, das Pech haben kann, einen unfähigen oder manchmal sogar bösartigen Reiter/Lehrer zu bekommen. Also sollte es unsere Aufgabe sein, pferdegerechte Ausbildung so flächendeckend wie möglich zu erreichen, damit möglichst wenige Pferde mit schlechten Reitern zu kämpfen haben. Mir geht es darum, zu zeigen, dass es an jedem einzelnen Menschen/Reiter/Lehrer selbst liegt, wie menschengerecht oder pferdegerecht dieser das Leben seines Schülers/Partners gestaltet. Pferdegerecht ist die Ausbildung in erster Linie dann, wenn ich das Pferd auf seiner körperlichen als auch geistigen Ebene abhole. Somit kommen wir nun zum ersten Punkt des Reitens – nämlich der Rangordnung.

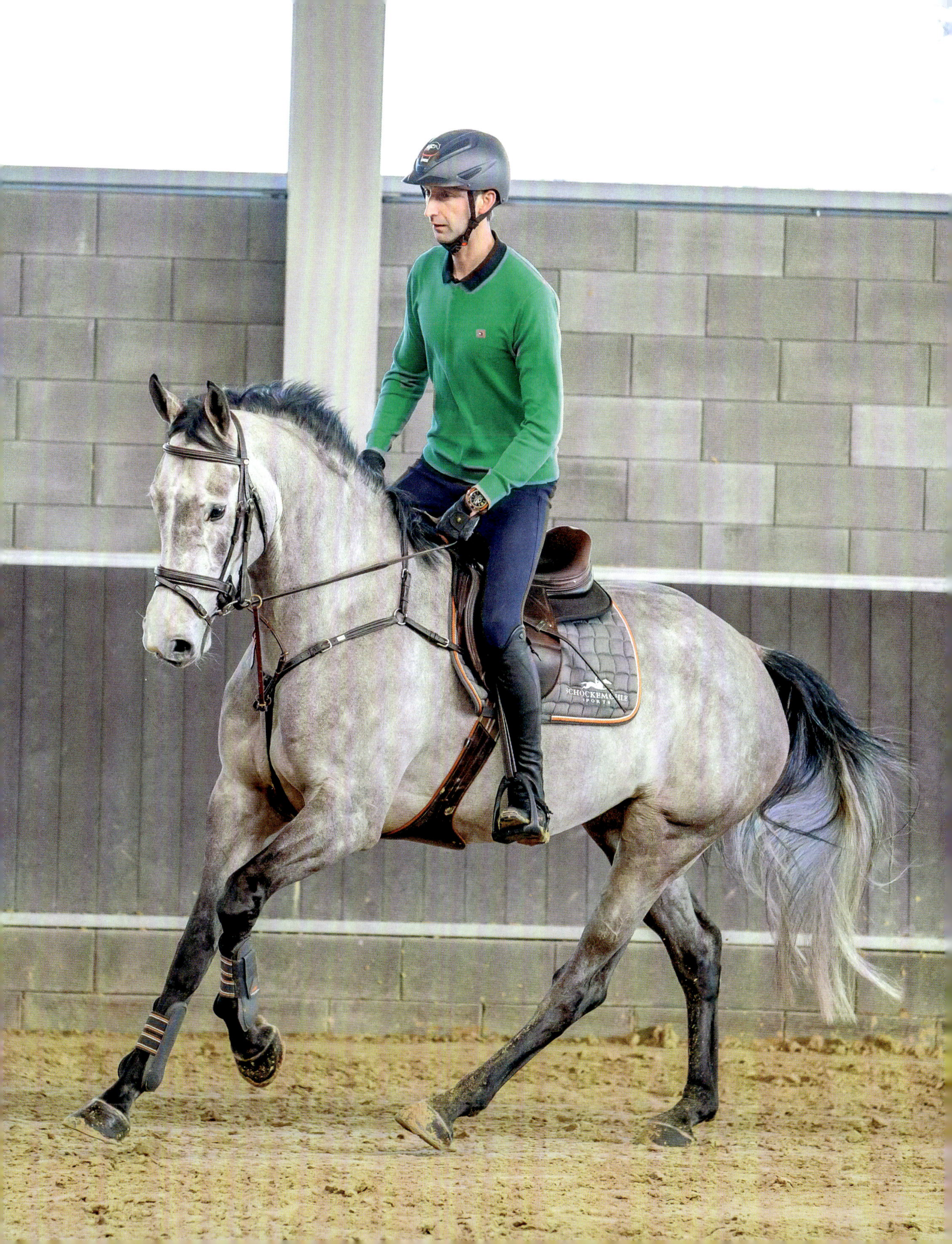

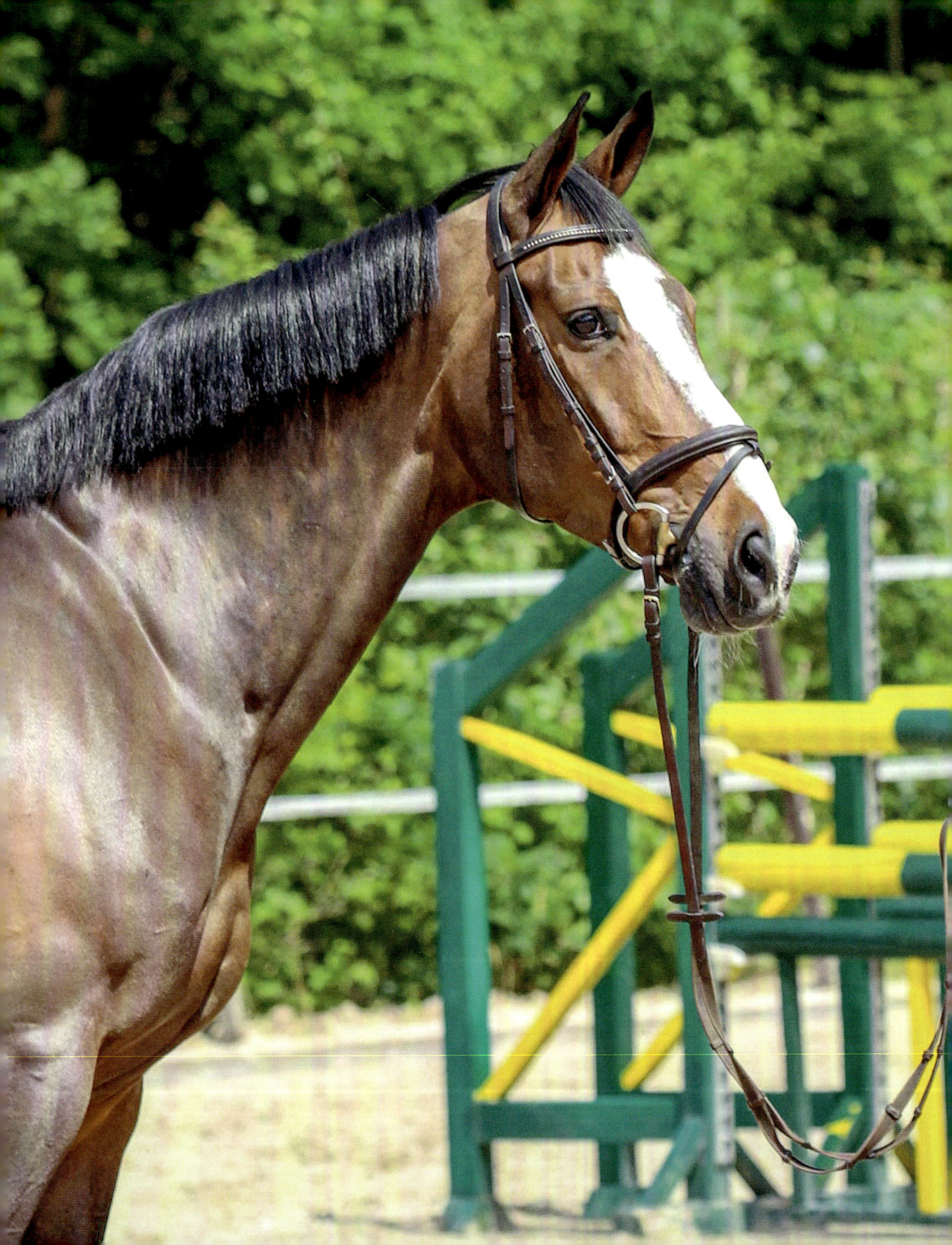

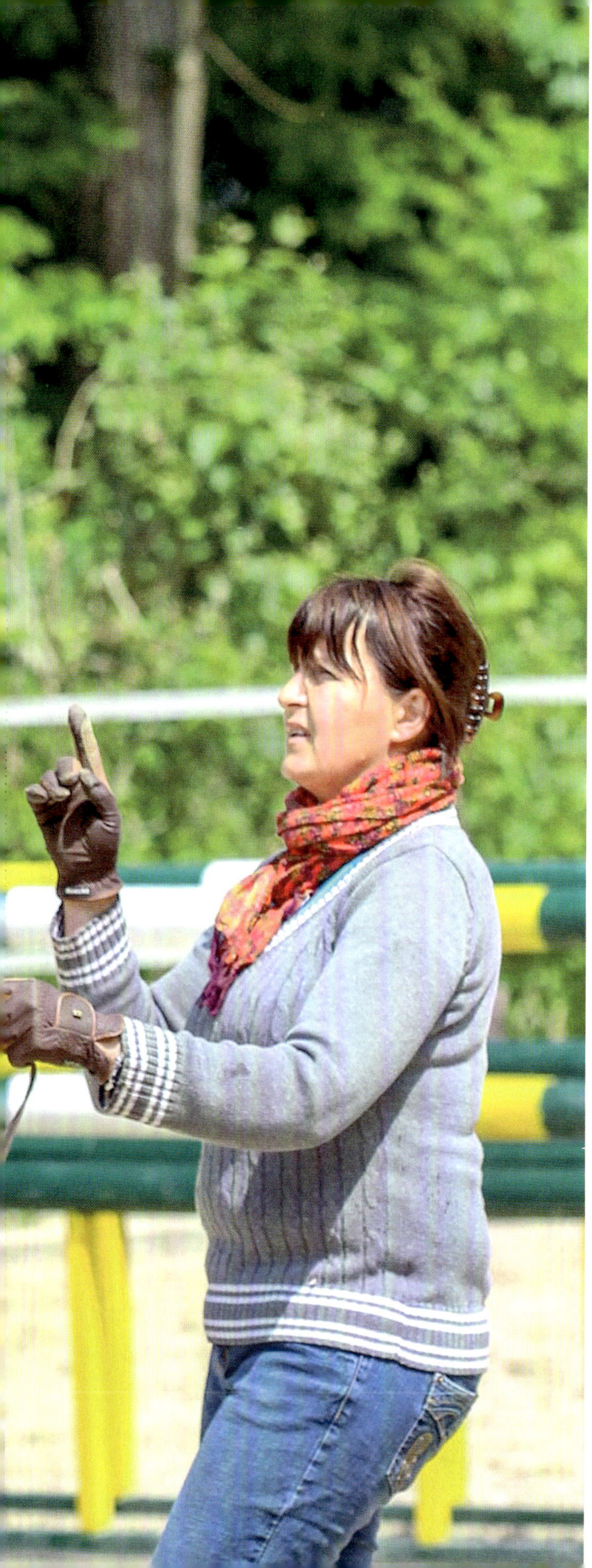

Rangordnung

(Trainer – Sportler)

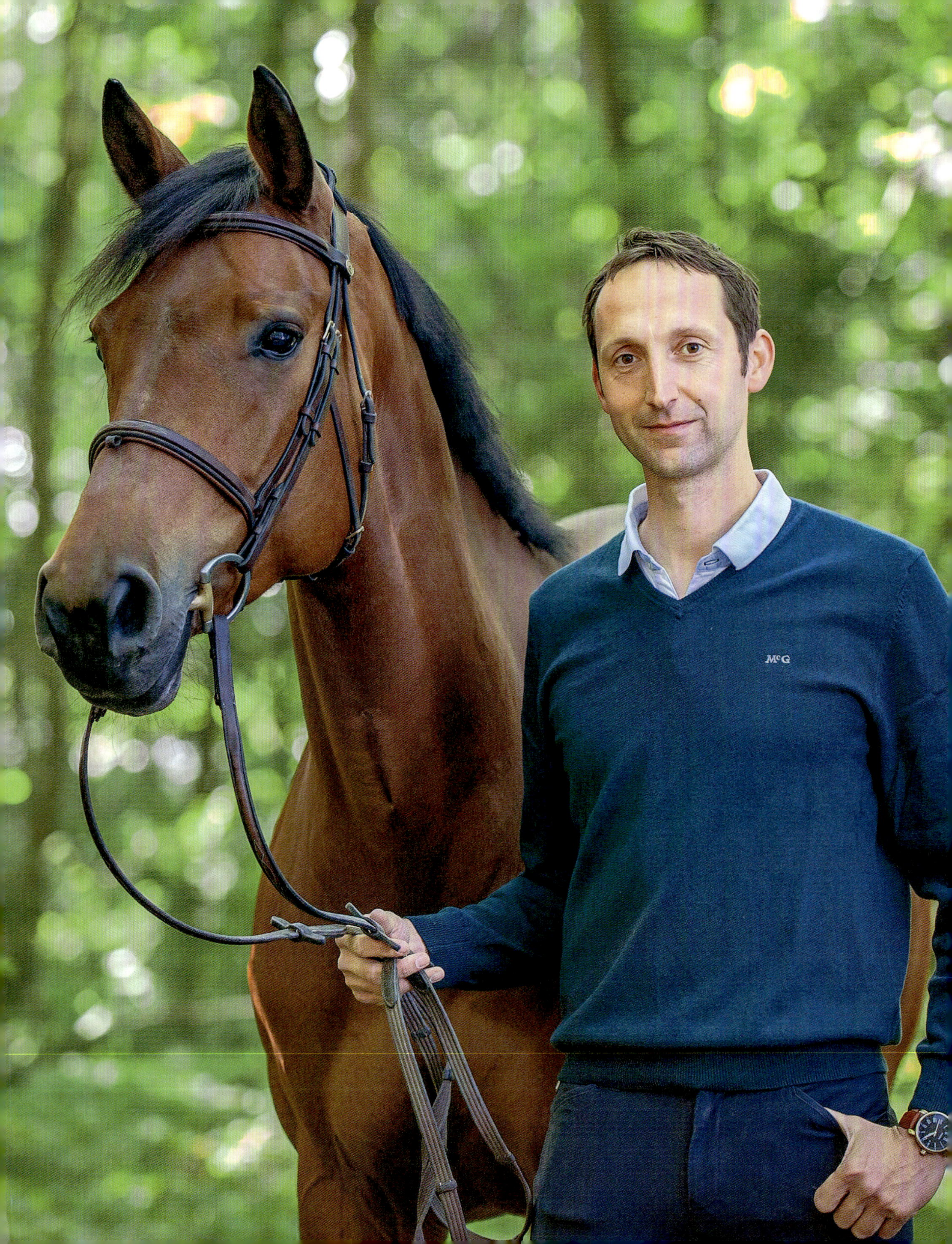
McG

Rangordnung

Ein für alle Pferdeliebhaber (wozu ich mich absolut selbst zähle) recht schwieriges Thema. Ich möchte gerne damit beginnen, warum eine Art Rangordnung notwendig ist, um mit dem Lebewesen Pferd zusammenarbeiten zu können. Allerdings möchte ich das nicht, wie so oft über den Weg der Natur des Pferdes (Herdenverhalten usw.), sondern vielmehr über logische und sogar am Menschen anzuwendende Grundlagen und Regeln von Ausbildung und Teamarbeit erklären.

Pferde sind in der Ausbildung/Erziehung grundsätzlich zu behandeln wie Kinder. Sie brauchen Zeit, um sich zu entwickeln. Sie brauchen Erfolgserlebnisse, sie brauchen Verständnis, sie brauchen jedoch auch Führung, Regeln und für sie klar zu erkennende Vorgaben und Grenzen.

Das sind sicherlich nur einige Punkte, jedoch lassen sich hier bereits die Parallelen zu jungen Menschen erkennen. Bei Rangordnung geht es nicht nur um Konsequenz, Respekt und Gehorsam, sondern vor allem um Vertrauen.

Ohne Respekt kein Vertrauen

Die Rangordnung zwischen Mensch und Pferd sollte aus meiner Sicht ähnlich dem Verhältnis zwischen Trainer und Sportler oder Schüler und Lehrer sein. Ohne den notwendigen Respekt und das notwendige Vertrauen wird sich weder ein Pferd noch ein Sportler/Schüler anspruchsvollen Herausforderungen stellen. Am Ende ist es so, dass sich meist erst in Extremsituationen zeigt, wie gut das Verhältnis wirklich ist. Solange alles wie von selbst läuft, scheint es oft so, als bräuchte man nicht unbedingt eine klare Führungsposition. Anders sieht es in schwierigen oder einfach nur anstrengenden Situationen aus.

Beispiel „Sportler – Trainer":
Der Trainer lässt seine Fußballer ein Spaßmatch auf kleine Tore spielen. Da alle Spieler das sowieso gerne machen, braucht der Trainer weder viel Überzeugungskraft noch irgendeinen zusätzlichen Motivator. Somit ist keine besonders aktive Rangordnung vonnöten.

Anders sieht es aus, wenn der Trainer seine Mannschaft Kraft- oder Ausdauertraining machen lassen möchte. Da er weiß, ohne die notwendige Muskulatur als auch Ausdauer wird ein Bestehen im Spiel recht schwierig. Aufgaben ohne direkten Bezug zum Fußballspiel sind für einige Spieler (vor allem Kinder) jedoch eher mühsam und anstrengend. In dieser Situation ist es sehr wichtig, dass die Sportler ihren Trainer ausreichend respektieren und ihm vertrauen, da sie Aufgaben machen sollen, zu denen man sie eher motivieren muss. Wenn hier nicht die notwendige Rangordnung besteht, kann es sein, dass das absolut notwendige Fitnesstraining nicht absolviert wird und somit weder Trainer noch Mannschaft erfolgreich sein werden.

Beispiel „Reiter – Pferd":
Der Reiter lässt sein Pferd beim Aufwärmen locker im leichten Sitz galoppieren. Die Aufgabe fällt diesem Pferd besonders leicht und wird ohne großartiges Einfordern des Reiters erfüllt. Somit ist auch hier keine besonders aktive Rangordnung nötig.

Anders sieht es jedoch aus, wenn es sich um ein Pferd handelt, welches in der Rückenmuskulatur noch nicht gut trainiert ist. Der Reiter entscheidet sich für mehrere Übergänge, damit das Pferd seine Hinterhand untersetzt und dadurch seine Rückenmuskulatur stärkt. Das ist aufgrund des noch etwas schwachen Rückens eine nicht einfache Aufgabe für dieses Pferd. Würde der Reiter in dieser Situation nicht den notwendigen Respekt und das notwendige Vertrauen (Rangordnung) des Pferdes haben, würden diese Aufgaben nur zu einer Art Machtkampf zwischen

Pferd und Reiter führen und sicherlich nicht zu einer Stärkung der Muskulatur, was jedoch notwendig ist, damit das Pferd den Reiter langfristig ohne gesundheitliche Schwierigkeiten tragen kann.

Beim Reiten spricht man gerne von einem Team und genau das sollte es auch sein – jedoch benötigen wir hier ein Team mit klarer Aufgabenteilung (siehe Seite 38). Ist die Rangordnung nicht geklärt, wird es in Situationen, in denen klare Entscheidungen gefragt sind, eher zu Diskussionen und Machtkämpfen kommen, anstatt das Problem direkt und effektiv zu lösen. Dies gilt nicht nur für körperliche Herausforderungen, sondern auch für mentale.

Wenn einem beim Überqueren der Straße ein LKW begegnet, stellt sich beim Pferd die Frage – weglaufen oder nicht? Hier wäre es doch sehr von Vorteil, wenn mein Pferd mir so weit vertrauen würde, dass es meine Entscheidung, dies nicht zu tun, direkt akzeptiert und wir nicht erst diskutieren müssen, ob Weglaufen nicht doch schlauer wäre. Somit ist der Punkt der Rangordnung nicht nur wichtig für Sportpferde und Reiter, sondern für jeden, der sich mit Pferden beschäftigt – egal, ob an der Hand, reitend oder fahrend!

Situationen, in denen es besser ist, wenn der Mensch durch sein Wissen, seine Vernunft entscheidet und nicht das Pferd (meist über den Fluchtinstinkt), wird es immer wieder geben. Ohne Rangordnung und somit ohne Respekt und Vertrauen wird es im Umgang mit dem Fluchttier Pferd vermehrt zu heiklen Situationen kommen können.

Ich nutze gerne den Vergleich mit Kindern oder Sportlern, weil auch beim Pferd das Erreichen von Respekt, Gehorsam und Vertrauen nicht über Kraft oder Zwang, sondern über Konsequenz, Klarheit und Gefühl geht.

Wie schon anfänglich geschrieben – ein guter Reiter zu sein, ist wie ein guter Lehrer zu sein. Wirklich gut finden Schüler die Lehrer, vor denen sie Respekt, aber keine Angst haben. Die, die ihnen etwas beibringen, ohne sie zu zwingen oder zu überfordern, denen sie sich anvertrauen können und nicht in schwierigen Situationen alleinegelassen werden. Tatsächlich werden diejenigen Lehrer geschätzt, die klare Regeln und Linien haben, an denen sich Schüler orientieren können und genau wissen, woran sie sind. All diese Punkte treffen eins zu eins auch auf die Pferdeausbildung zu. Ich sage meinen Schülern immer wieder: „Ich reite, wie ich unterrichte und ich unterrichte, wie ich reite."

Für mich beginnt das Abstecken des Rahmens und somit das Einfordern der Rangordnung bereits an der Hand.

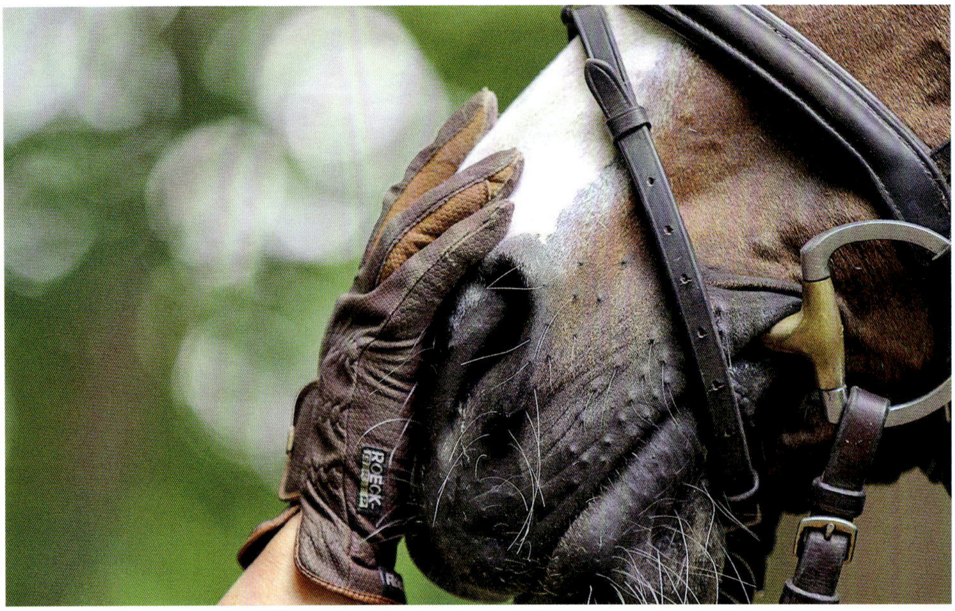

Akzeptiert und weicht das Pferd nicht vor meinem ganzen Körper, wird es dies allein vor meinem Schenkel auch nicht tun. Je klarer die Aufgabenteilung zwischen Reiter und Pferd (siehe Seite 38), umso feiner können Hilfen gegeben und erkannt werden.

Rangordnung heißt, sowohl Verantwortung zu übernehmen als auch Verantwortung abzugeben.

Rangordnung heißt, Verantwortung zu übernehmen als auch Verantwortung abzugeben. Der Reiter/Trainer/Lehrer entscheidet, Pferd/Sportler/Schüler führt aus.

Die Tatsache, dass Pferde hierarchiegeprägte Herdentiere sind, gehört sicherlich mit zu den Hauptgründen, warum sie sich überhaupt von uns reiten lassen. Pferde sind von ihrem Naturell Lebewesen, die Führungspersönlichkeiten gerne folgen. Es ist ja nicht grundlos, dass Pferde für Führungskräfte-Seminare genutzt werden. Pferde denken und handeln weitaus nicht so unberechenbar wie Menschen, sondern sind klar und ehrlich instinktgesteuert. Egal was Pferde machen oder wie sie reagieren – es ist so gut wie immer logisch zu erklären. Vermenschlichte Ausreden wie „Der will mich doch veräppeln“, „der ärgert mich doch absichtlich“, „der lässt mich ja absichtlich verhungern“ usw. sind nicht nur falsch, sondern gefährlich, weil wir Menschen uns sehr schnell persönlich angegriffen oder provoziert fühlen und dies fast immer zu unreflektierten und ungerechten Handlungen führt. Hätten Pferde auch nur hier und da solche Gedanken (wie zum Beispiel: „Heute ärgere ich meinen Reiter mal“), würden wir nicht mal in die Box kommen, geschweige denn aufsteigen und reiten können. Wir als Reiter müssen uns bewusst sein, wie Pferde denken und handeln, ohne ihnen – obwohl wir eine sehr persönliche Bindung zu ihnen aufbauen können – auch nur irgendwelche menschlichen Züge oder Gedanken zu unterstellen. Dazu gehört auch das Verständnis für die Rangordnung einer Herde. Menschliche soziale Züge spielen, so gerne wir das auch manchmal glauben möchten, keine Rolle. „Ich bin so lieb zu meinem Pferd, ich tu alles für ihn und trotzdem lässt er mich beim Reiten so verhungern“, ist ein Satz, den ich gelegentlich höre. Pferde haben keine „Bist-du-lieb-zu-mir-, bin-ich-lieb-zu-dir-Mentalität“. Lässt man sein Pferd zum Beispiel bereits an der Hand machen, was es will, wird es sich auf Dauer als höherrangig sehen und auch in Situationen unter dem Sattel nicht plötzlich den Vorgaben des Reiters Folge leisten, sondern seine eigenen Entscheidungen durchsetzen wollen, was bei einem Tier von 500 Kilogramm nicht immer ganz ungefährlich enden kann.

Wir Menschen müssen verstehen und akzeptieren, dass wir unseren Pferden nur dann Gutes tun können, wenn sie uns akzeptieren, respektieren und vertrauen.

Was wir Menschen verstehen und akzeptieren müssen ist, dass wir unseren Pferden nur dann Gutes tun können, wenn sie uns akzeptieren, respektieren und vertrauen (also der Mensch ranghöher ist).

Die Entwicklung der Rangordnung bei Pferden ist ähnlich wie die soziale Entwicklung des Menschen. Je nachhaltiger die positive Erziehung bereits in jungen Jahren stattgefunden hat, desto einfacher wird es – bis hin zur Selbstverständlichkeit. Genauso ist es ja auch bei Menschen. Kinder, denen nie Grenzen oder Konsequenzen aufgezeigt wurden, werden sich später sicherlich schwer damit tun, Vorgaben (z. B. Gesetzen) zu folgen und damit zurechtzukommen. Unser Gefühl von Freiheit ist auch klar an zwischenmenschliche Regeln/Vorgaben gekoppelt. In den vorgegebenen Rahmenbedingungen (Gesetze u. ä.) kann und soll sich jeder möglichst frei entfalten können, und genauso möchte ich das bei meinen Pferden handhaben. In dem Rahmen, den ich ihnen über meine Hilfen setze, sollen sie sich frei entfalten dürfen.

Ohne Gesetze/Rahmen (Hilfen) gäbe es deutlich mehr gefährliche Situationen. Die optimalen Vorgaben/Rahmenbedingungen geben dem Pferd genügend Platz, sich frei zu entfalten, und dem Reiter die nötige Kontrolle, um ein sicheres Miteinander zu gewährleisten.

Rangordnung ist die notwendige Voraussetzung, um seinem Pferd die Rahmenbedingungen geben zu können, sich bestmöglich zu entwickeln.

Fazit: Rangordnung ist die notwendige Voraussetzung, um seinem Pferd die Rahmenbedingungen geben zu können, sich bestmöglich zu entwickeln. Da das Pferd durch sein unverfälschtes Instinktverhalten der ehrlichste Spiegel des Reiters ist, lässt sich generell sehr schnell erkennen, in welchen Bereichen der jeweilige Reiter seine Schwächen in den Vorgaben hat. Diese Punkte als eigene Defizite zu erkennen und zu akzeptieren, anstatt sie dem Pferd als vermenschlichte Charakterzüge zuzuschreiben, ist wirklich nicht einfach, aber absolut unerlässlich, um dem Pferd und auch sich selbst gerecht zu werden.

Beim Reiten kann man sich immer nur selbst belügen.

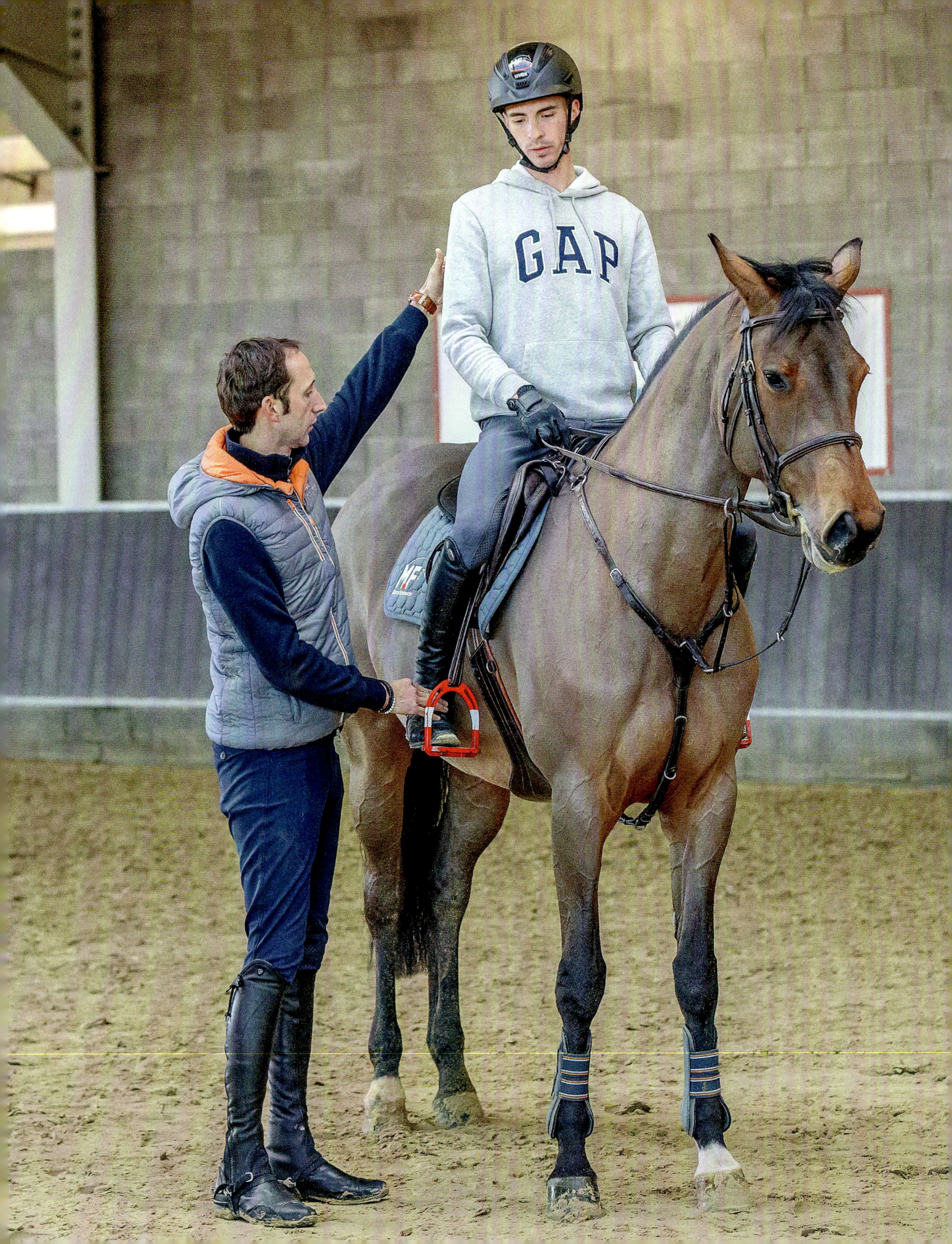
GAP

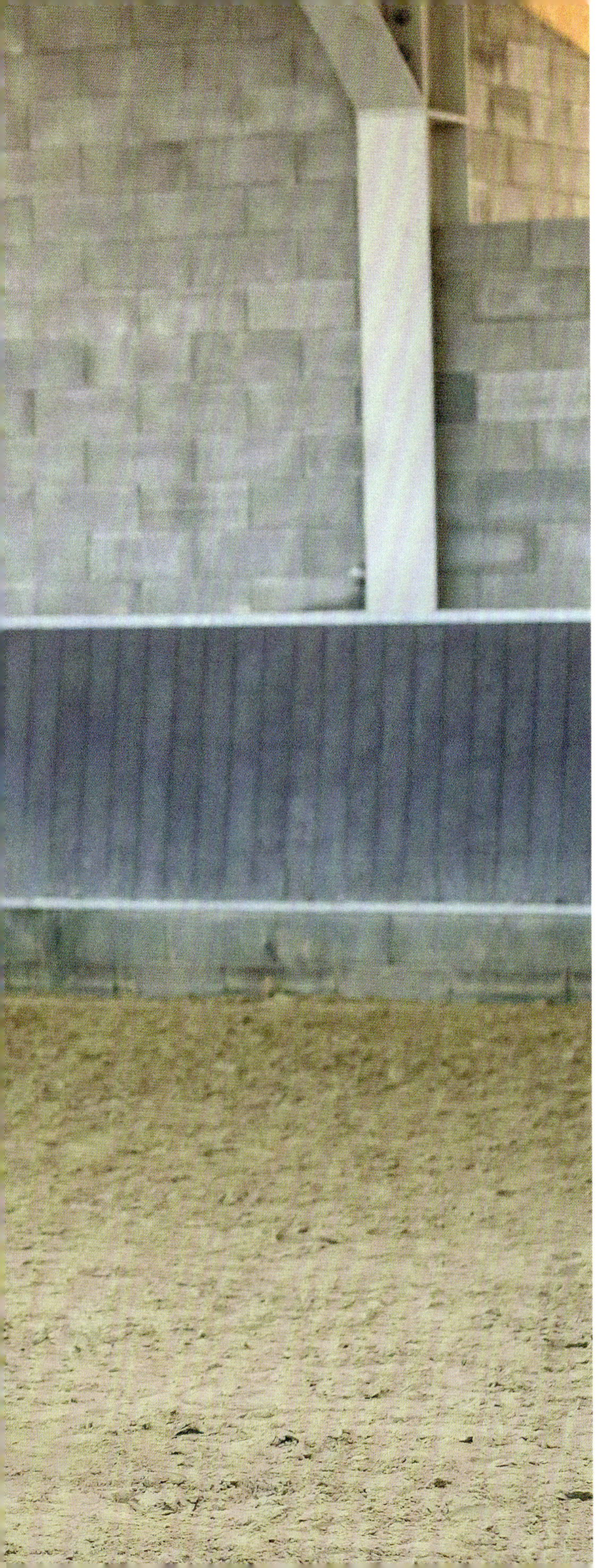

MF-Skala der Reiterausbildung

(Trainer)

MF-Skala der Reiterausbildung

Jedem ist das Ausbildungssystem des Pferdes („Skala der Ausbildung") bekannt – ich finde es nur logisch und extrem wichtig, dass es auch ein Ausbildungssystem für den Reiter geben muss. Denn nur wenn der Reiter sich seiner eigenen Aufgaben und dessen Entwicklungsphasen bewusst ist, kann er dem jeweiligen Pferd ein angemessener Trainer/Partner sein. Ohne Struktur und Wissen ist gefühlvolles und pferdegerechtes Reiten kaum möglich.

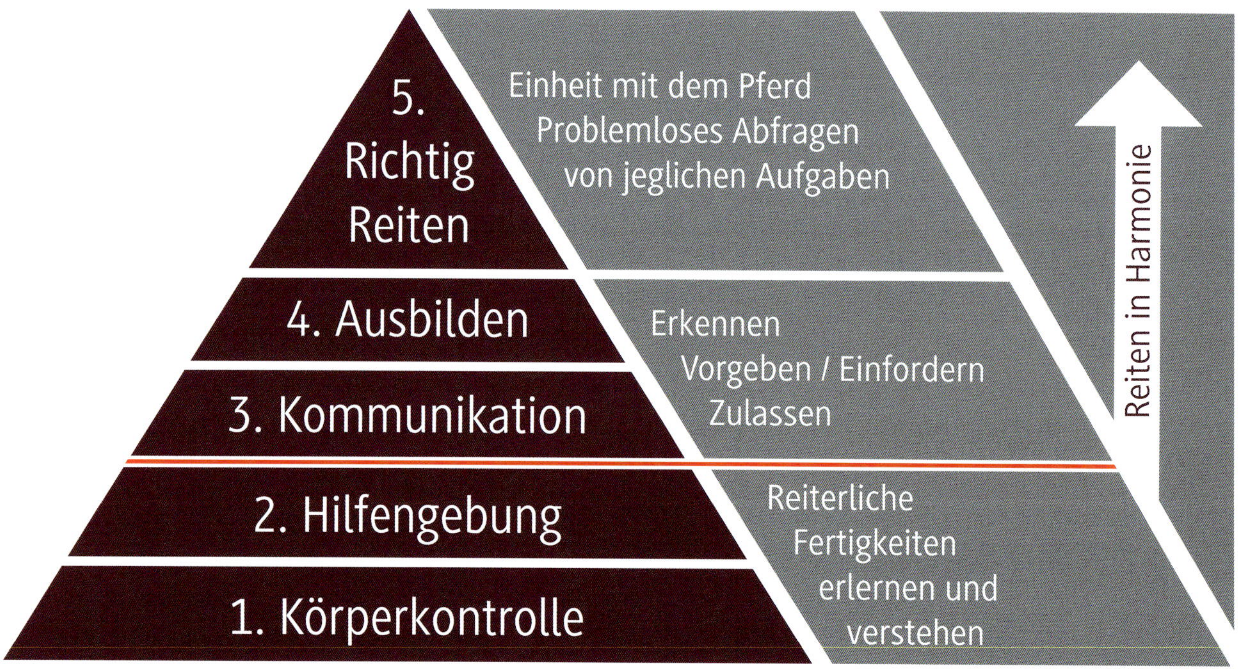

Skala der Reiterausbildung von Michael Fischer

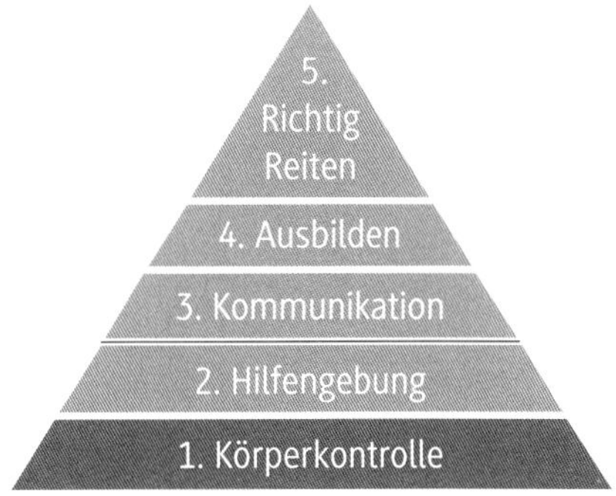

1. Körperkontrolle

(unabhängig von der Pferdebewegung)

Was beim Pferd der Takt (erster Punkt der Skala der Ausbildung) ist, ist beim Reiter die unabhängige Körperkontrolle – der erste Punkt der „MF-Skala der Reiterausbildung“ und somit das Fundament der Pyramide.

Bevor ich als Reiter versuche, die richtigen Vorgaben zu geben, heißt es, die absolute Kontrolle über meinen eigenen Körper zu haben. Denn nur, wenn ich unabhängig vom Pferd und zu jeder Zeit in der Lage bin, mit meinem Körper zu machen, was ich will, ist es sinnvoll und erfolgversprechend, dem Pferd klare Vorgaben zu geben.

Der Körper des Reiters gibt zu jeder Zeit etwas vor – egal, ob bewusst oder unbewusst.

Der Körper des Reiters gibt zu jeder Zeit etwas vor – egal, ob bewusst oder unbewusst. Darin liegt für viele Reiter auch die Schwierigkeit. Versucht man beispielsweise die Hände still zu halten (was einem im besten Fall auch gelingt), verliert man schnell die Kontrolle über den restlichen Körper und wird eventuell in Arm, Schulter oder Hüfte verspannt und unbeweglich.

Nochmals: Wenn man sich bewusst ist, dass jeder Teil des Körpers zu jeder Zeit (gewollt oder nicht) mit dem Pferd in Verbindung ist und somit kommuniziert, lässt sich erahnen, wie gut man seinen eigenen Körper (Sitz) unter Kontrolle haben muss, um nicht ungewollte und/oder fehlerhafte Signale zu senden. Einrtseits bei korrekter Bewegung des Pferdes, andererseits, wenn es Fehler macht.

Der Sitz des Reiters ist viel mehr als nur eine statische Silhouette.

Der Sitz des Reiters ist viel mehr als nur eine statische Silhouette. Er ist der Grundstein, um über Körpersprache mit dem Pferd zu kommunizieren.

Grundsätzlich gilt: Der Kopf ist erhoben, der Blick richtet sich geradeaus, der Oberkörper ist gestreckt und locker. Die Arme hängen entlang des Oberkörpers herab. Die Hände werden parallel vor dem Körper gehalten. Der Zügel wird zwischen Daumen und Zeigefinger festgehalten, damit die restlichen Finger frei für das sensible Spiel mit dem Pferdemaul sind (bekannt als die atmende Hand). Die Unterschenkel liegen verwahrend unter dem eigenen Oberkörper, um zu jeder Zeit die Balance zu halten. Hüfte-Knie-Fußgelenk federn die Bewegungen des Pferdes ab. Wie der korrekte Sitz auszusehen hat, wurde schon oft und gut beschrieben. Deshalb werde ich diese bekannten und korrekten Darstellungen nur durch den einen oder anderen Hinweis etwas verdeutlichen.

So wie sich das Pferd von hinten nach vorne entwickelt (Hinterhand – Rücken – Schulter – Hals – Maul), so entwickelt sich der Sitz des Reiters von unten nach oben (Unterschenkel [Wade] – Hüfte – Oberkörper [Wirbelsäule] – Schulter – Hände).

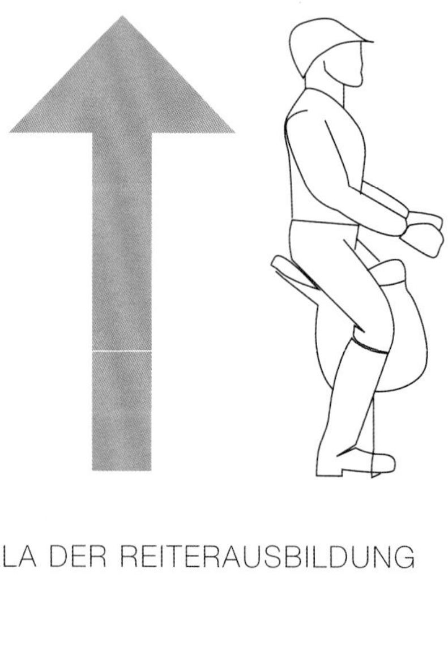

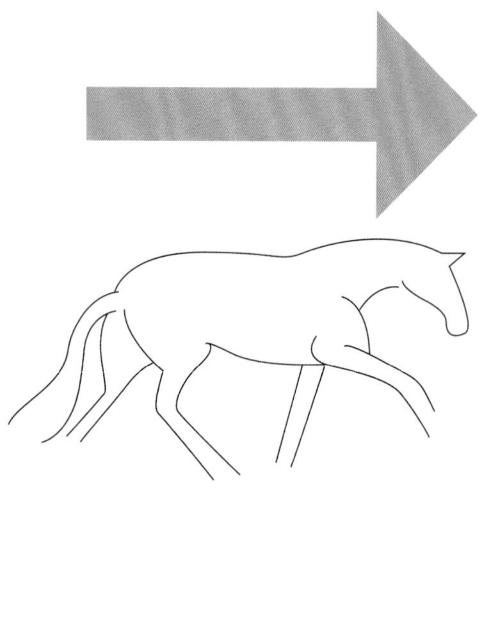

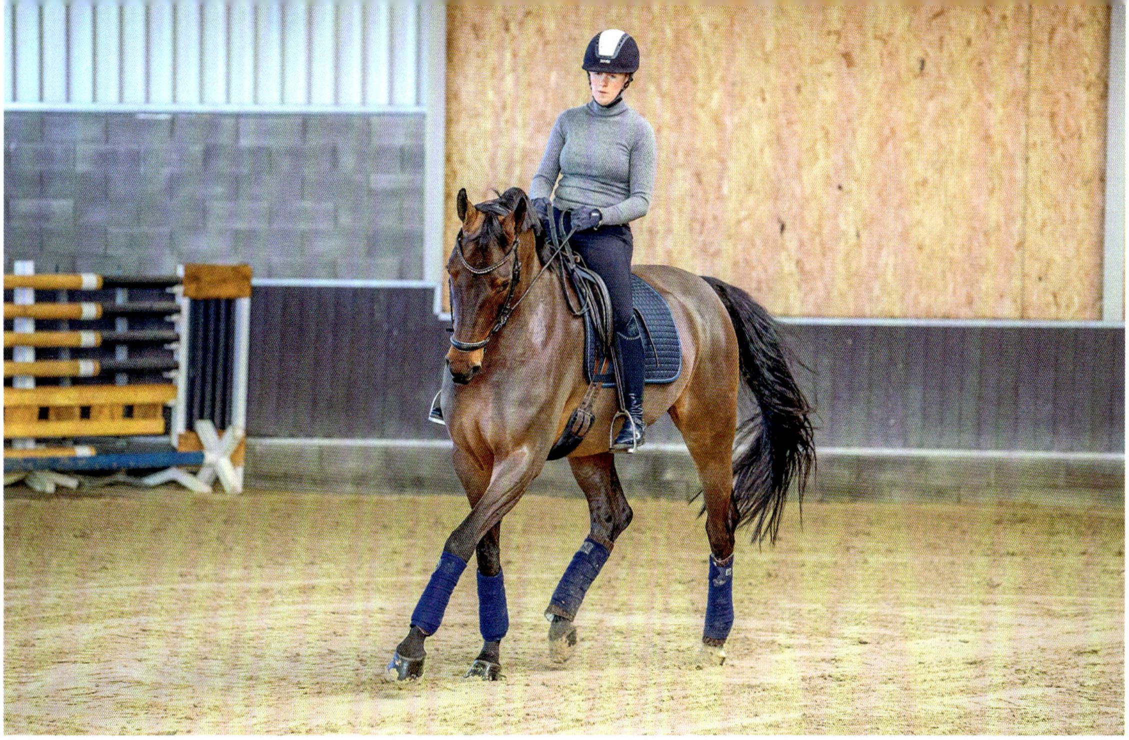

Dementsprechend sollte der Sitz auch immer von unten nach oben beurteilt werden. Das bedeutet zum Beispiel: Sind die Hände eines Reiters unruhig, geht der erste Blick immer auf die Unterschenkel und es wird überprüft, ob diese unter dem Schwerpunkt (Oberkörper) liegen und somit eine selbstständige Balance des Reiters überhaupt möglich ist. Ist das nicht der Fall, leuchtet wohl jedem ein, dass ein unausbalancierter und somit wackeliger Sitz keine ruhige Handhaltung zulässt.

Eine starre Hüfte, eine instabile Wirbelsäule oder auch eine verspannte Schulter würden ebenfalls zu einer unruhigen Hand führen und somit ist klar, dass nicht nur die – für jeden zu erkennende – unruhige Hand angesprochen, sondern vielmehr die Ursachen erkannt und verbessert werden sollten.

Auch hier wieder die Parallele zum Pferd. Die Ursache, warum ein Pferd beispielsweise nicht durchs Genick geht (ähnlich wie eine unruhige Reiterhand), muss vorerst auch im Körper (Takt [Spur/Tempo], Losgelassenheit etc.) gesucht werden.

Der gute Sitz gibt dem Reiter die Grundvoraussetzungen, um im nächsten Schritt die Hilfen („Sprache“/Kommunikation) zur Verständigung mit dem Pferd zu erlernen. Das Erlernen des korrekten Sitzes findet dementsprechend im besten Fall an der Longe statt, da dort noch keine selbstständige Kommunikation mit dem Pferd notwendig ist.

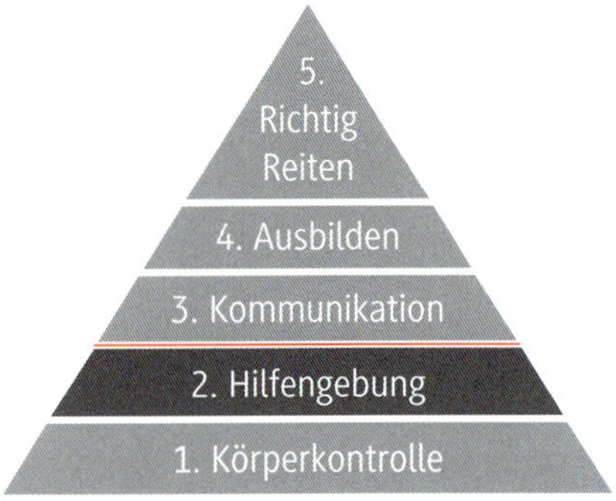

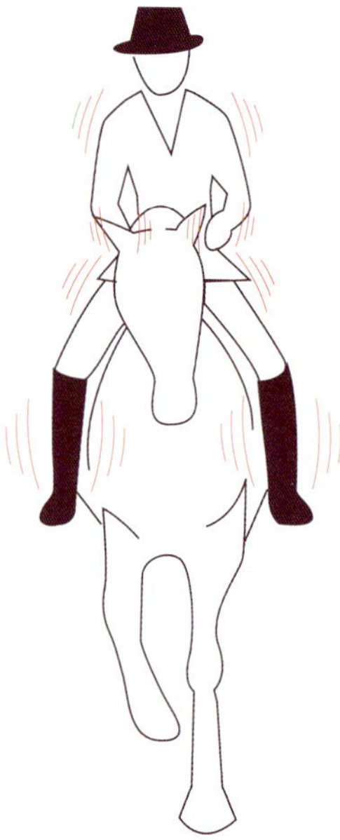

2. Hilfengebung

Sitz, Bein und Hand sind neben der Stimme und der körperlichen Präsenz/Ausstrahlung die grundlegenden Hilfen des Reiters. Gleich zu Beginn würde ich gerne den Ausdruck Hilfen durch Vorgaben ersetzen oder zumindest erweitern. Denn Ziel ist es, dem Pferd verschiedene Aufgaben vorzugeben und nicht, ihm zu helfen.

Klare, verständliche und somit fürs Pferd erkennbare Vorgaben sind die Art von Hilfestellung, die ich meinem Pferd gebe. Das Erlernen der korrekten Vorgaben/Hilfen funktioniert wie das Erlernen einer Sprache. Das zuerst systematisch und technisch wirkende Erarbeiten der Hilfen/Vorgaben ist die Notwendigkeit, um später in der Lage zu sein, mit dem Pferd zu kommunizieren. Reiten lässt sich nämlich nicht rein über die Hilfen erklären/erlernen, sondern über das Verständnis, wie Kommunikation mit dem Lebewesen Pferd grundsätzlich funktioniert. Die Hilfengebung ist dabei nur die Methode/Sprache.

Das bekannte Zusammenspiel der Hilfen ist ein ununterbrochener Dauerzustand und keine punktuell gesetzte Hilfe. Der Körper des Reiters gibt zu jeder Zeit etwas vor – egal, ob bewusst oder unbewusst.

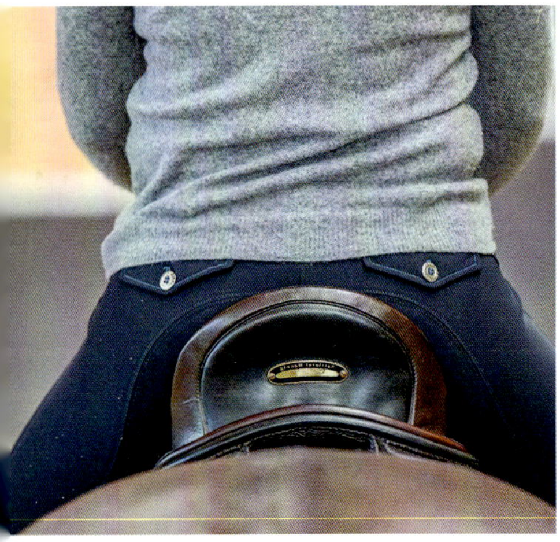

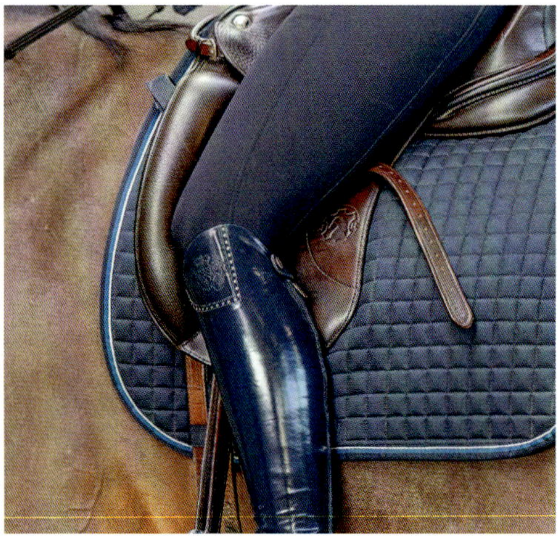

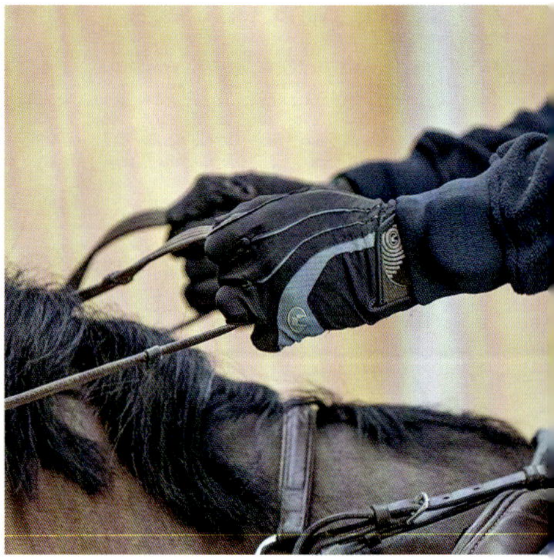

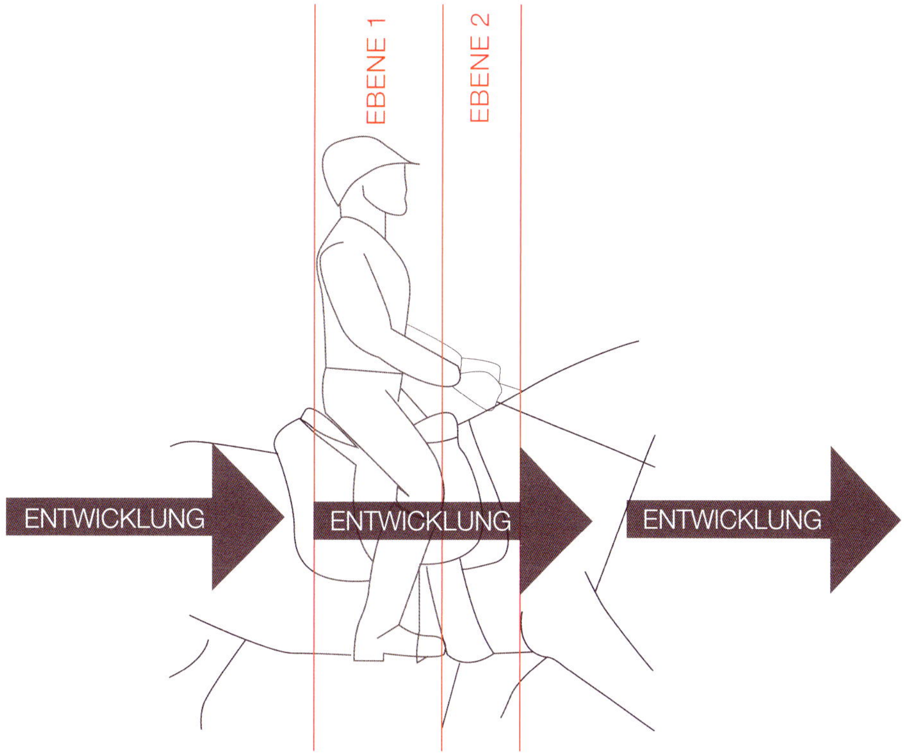

Da sich die Pferde von hinten nach vorne entwickeln, beeinflusst das auch die Reihenfolge der reiterlichen Hilfen/Vorgaben. Kommunikationsebene Nummer eins ist somit Sitz und Bein und Kommunikationsebene Nummer zwei sind die Hände. Alles was der Reiter nicht über Sitz und Bein vorgeben kann (Ebene 1), muss somit über die Hände (Ebene 2) vervollständigt werden. Umso besser der Reiter in der Lage ist, durch Sitz und Bein vorzugeben, desto weniger muss er mit den Händen einwirken. Wer optisch perfekt auf dem Pferd sitzt, jedoch nicht gelernt hat, über Sitz und Bein vorzugeben, ist somit trotz des augenscheinlich guten Sitzes gezwungen, nahezu ausschließlich über die Hände zu kommunizieren.

Weniger über Hand ist nur durch ein Mehr über Sitz und Bein zu erreichen.

Weniger mit der Hand zu reiten ist also nur durch ein Mehr-über-Sitz-und-Bein-Reiten und nicht nur über ein Vorne-leichter-Werden möglich. Genau genommen, können nur der Sitz und das Bein die Hand entlasten – jede Vorgabe (Kommunikation), die über die EBENE 1 nicht vom Pferd angenommen oder erkannt wird, bleibt an der EBENE 2 (Hände) hängen. Mit Sitz und Bein reiten bedeutet also, über Sitz und Bein vorzugeben und nicht nur, korrekt und locker sitzend nicht zu stören. Das Zusammenspiel der Hilfen findet grundsätzlich dann wie erwünscht statt, wenn sich Ebene 1 und Ebene 2 ausgewogen ergänzen.

Wie sollten die Vorgaben sein?

- Wann sollten sie gegeben werden?
- An welcher Stelle sollten sie gegeben werden?
- Wie stark sollten sie gegeben werden?
- Wie lange sollten sie gegeben werden?

Ich weiß, der Wunsch vieler Reiter ist eine Art Anleitung oder Formel, wie Hilfen/Vorgaben richtig zu geben sind. Auch wenn das in einigen Büchern beschrieben wird, bin ich der Meinung, dass dies gar nicht realistisch möglich ist, da viel zu viele und noch dazu sich ständig ändernde Einflüsse eine Rolle spielen. Kurz zusammengefasst, wären das alle körperlichen und mentalen Voraussetzungen von Reiter und Pferd. Die in vielen Büchern beschriebenen richtigen Hilfen und Positionen können aus meiner Sicht wie eine Art Leitfaden genommen werden, von dem man auch nicht allzu weit abweichen sollte. Wer jedoch versucht, krampfhaft nur die vermeintlich korrekten Hilfen zu geben, ohne in der Lage zu sein, diese auch situationsbedingt anzupassen, wird sich sehr schwertun, seinem Pferd individuell angemessene Vorgaben zu geben. Gern möchte ich etwas klarere Hinweise und Tipps mit auf den Weg geben. So leicht wie möglich und so klar wie nötig.

Vorgaben sollten – wenn ich mir sicher bin, die angemessene Aufgabe für mein Pferd gefunden zu haben – so deutlich und elastisch sein, dass mein Pferd diese eindeutig erkennen und ungehindert ausführen kann. Hilfen/Vorgaben dürfen nie so statisch gegeben werden, dass sie vom Pferd als Stütze angesehen werden. Vorgaben sollten in der Position zwar stabil sein, aber in der Verbindung zum Pferd wie Impulse funktionieren (ein Beispiel ist hier die atmende Hand – in der Position stabil, im Kontakt fein). „Deine Hilfen sollten ständig unter Strom stehen“, sage ich gerne zu Schülern, die zu statisch und unbeweglich sind. Die Hilfen/Vorgaben sollten dem Pferd zu jeder Zeit einen angemessenen Rahmen geben. Dieser darf gerne auch fordernd sein, sollte dem Pferd jedoch genügend Platz für die selbstständige Umsetzung lassen.

Hilfen/Vorgaben sollten eindeutig, stabil, impulsartig und in der Wiederholung identisch sein. Reiterliche Hilfen/Vorgaben funktionieren im Groben wie eine **Führmaschine.**

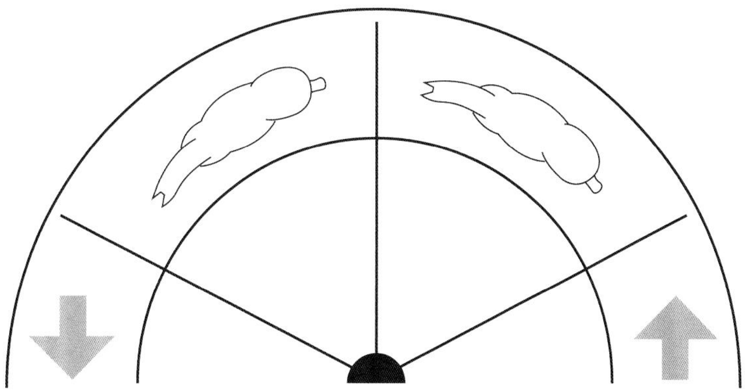

Die Führmaschine begrenzt das Pferd links wie rechts durch einen Zaun (Spurvorgabe) und die sich drehenden Abtrennungen entscheiden wie schnell (Tempovorgabe). Egal welche Fehler das Pferd anfänglich auch macht, die Vorgaben der Führmaschine ändern sich nie. Das bedeutet im Umkehrschluss, dass das Pferd einen Weg finden muss, mit der gestellten Aufgabe zurechtzukommen.

Im Prinzip funktioniert das mit den reiterlichen Vorgaben sehr ähnlich. Die seitlichen Begrenzungen bildet der Reiter über Sitz, Bein und Zügelführung. Das Nachtreiben (durch den Kanal treiben) findet durch die Wade statt. Natürlich sind die reiterlichen Vorgaben nicht so massiv wie eine Führmaschine, also ist der Reiter gefordert, mit Impulsen zu arbeiten.

Im Reitsport gibt es einige Begriffe, welche die reiterlichen Hilfen bezeichnen, die jedermann kennt. Dazu gehören: begrenzen, einrahmen und (durch)treiben. Gleich vorweg – diese Bezeichnungen sind aus meiner Sicht nahezu perfekt gewählt und beschreiben gut, wie Hilfen/Vorgaben sein sollten.

Begriffe wurden bereits so oft verfälscht angewandt, dass sie kaum noch ihre ursprüngliche Bedeutung haben.

Das nicht zu unterschätzende Problem ist jedoch, dass diese Begriffe so oft verfälscht angewendet wurden, dass sie kaum noch ihre ursprüngliche Bedeutung haben und erfüllen.

Richtig treiben

Sehr viele Reiter, die ich auffordere, ihr Pferd mehr durchzutreiben, beginnen häufig mit ihrem ganzen Körper zu schieben (leichte Rückenlage und angespanntes Becken) und mit den Schenkeln massiven Druck auszuüben. Leider ist das eine oft zu sehende und bekannte Reaktion. Ich frage meine Schüler dann immer, wie sie den Begriff „Treiben" oder „Durchtreiben" beschreiben würden, und zwar ohne dabei ans Reiten zu denken. Was bedeutet das Wort „treiben" eigentlich? In welchen Bereichen (außerhalb vom Reiten) wird dieses Wort noch benutzt?

Man kann zum Beispiel eine Herde Schafe vor sich hertreiben. Was genau macht ein Hirte oder dessen Hunde, um die Schafe zu treiben?

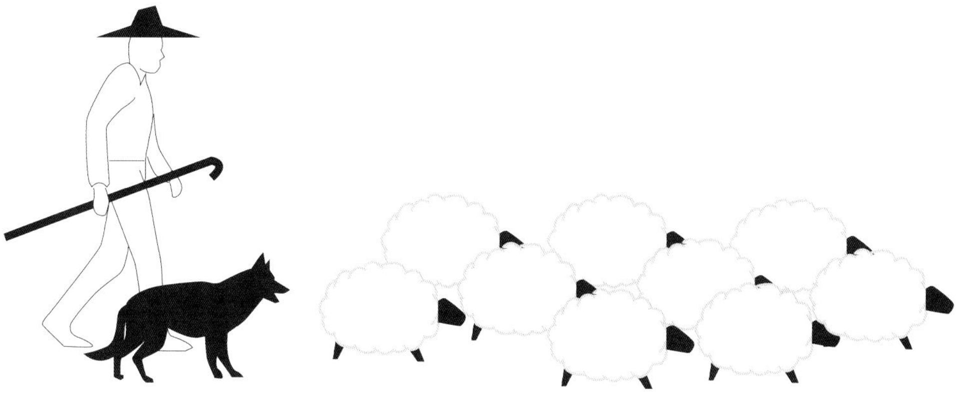

Im Grunde genommen nur hinterhergehen und nur dann, wenn die körperliche Präsenz nicht ausreicht, nutzt der Hirte zum Auffordern einen Stock und der Hund würde bellen, um sich mehr Aufmerksamkeit zu verschaffen. Was mit dem Begriff treiben auf jeden Fall nicht zu vereinen ist, ist jegliche Art des konstanten Kontaktes. Kein Schieben, Heben oder Drücken. Wenn man sich dessen bewusst wird, ist schnell klar, dass ein stetiges Den-Druck-Erhöhen mit der Idee des Treibens nichts zu tun hat. Es heißt richtigerweise ja auch nicht durchschieben, -drücken oder -quetschen, sondern durchtreiben. Niemand würde auf die Idee kommen, eine Herde Schafe vor sich herzuschieben!

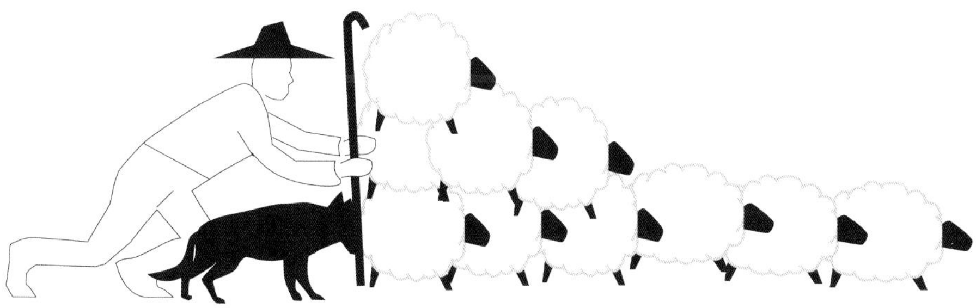

Treiben ist somit das Einfordern einer Vorgabe durch körperliche Präsenz. Nichtbefolgen der Vorgabe wird durch Impulse eingefordert. Mögliche Impulse: Wade anspannen, ein Anstupsen mit der Wade, Rücken anspannen, ein Auffordern mit den Sporen, der Einsatz einer Gerte.

Richtig begrenzen

„Der äußere Zügel wendet“ gehört für mich mit zu einer der größten und häufigsten Falschaussagen. Richtig ist, dass die Vorgaben des Reiters das Pferd begrenzen und nicht aktiv in eine Richtung bewegen. Alleine die Idee, dass ein einzelner Zügel 500 Kilogramm wenden könne, ist absurd. Es wendet weder der äußere Zügel noch sonst eine Hilfe, sondern das Pferd selbst. Die begrenzenden Vorgaben haben die Aufgabe, den Weg zu kennzeichnen, den das Pferd dann nehmen soll. Letztlich wendet der Reiter nicht, sondern gibt nur einen klaren und aus der Sicht des Pferdes selbsterklärenden Kanal vor. Der äußere Zügel begrenzt das Pferd – wendet es jedoch nicht.

Wieder zurück zu den Schafen: Will ich, dass die Schafe einen bestimmten Weg einhalten, macht es Sinn, eine Art Kanal zu bauen. Durch einen Zaun an jeder Seite bilde ich diesen Kanal, der für die Tiere eine eindeutig erkennbare Spurvorgabe darstellt. Ist der Kanal fertig gebaut, braucht der Hirte die Schafe nur noch durchzutreiben und darauf zu achten, dass der Zaun nirgendwo Löcher hat, aus denen die Schafe seitlich ausbrechen könnten.

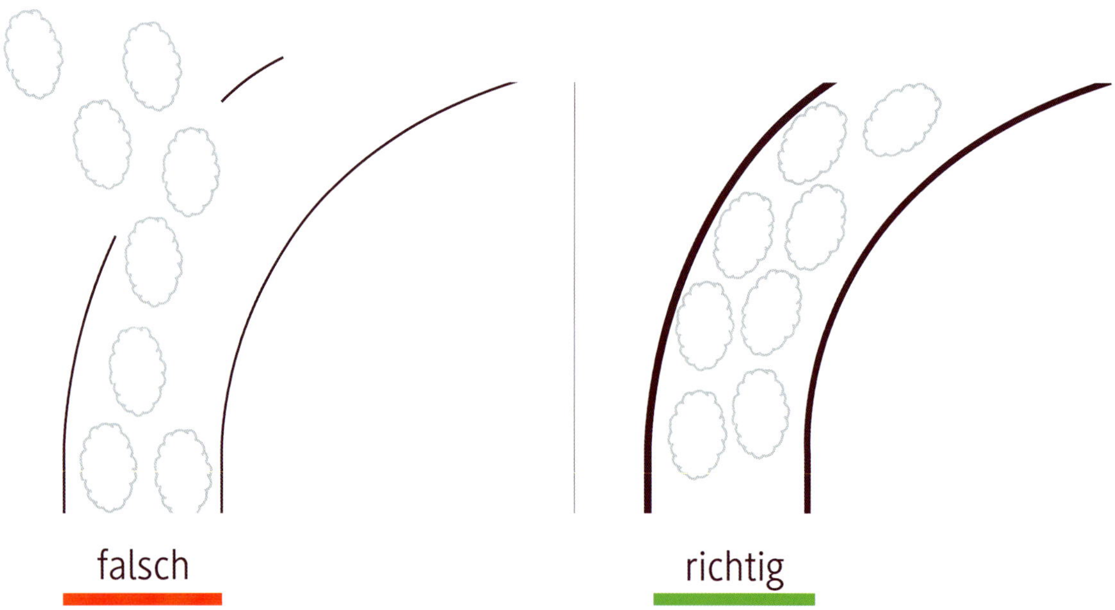

Der Hirte selbst muss von seinen Tieren keinerlei Richtungswechsel fordern, da jede Wegveränderung eindeutig durch den Kanal (Zaun links wie rechts) gekennzeichnet ist. Genau dann lässt sich von unmissverständlichen und somit für Pferde leicht zu erkennenden Hilfen sprechen.

Jetzt ist es so, dass die seitlichen Begrenzungen des Reiters nicht die Stabilität eines Zaunes haben – was also tun, wenn die Schafe gegen oder sogar durch den Zaun laufen? Viele Reiter beginnen dann, die Position des Zaunes zu ändern und versuchen dadurch, die Tiere zu lenken. Richtig wäre es allerdings, nicht etwas an den Schafen ändern zu wollen, sondern den Zaun zu stabilisieren. Da sich der Zaun nicht weiter verstärken lässt, gibt es die Möglichkeit, den Zaun unter Strom zu setzen.

Für die reiterlichen Hilfen bedeutet das nichts anderes, als Impulse zur Einforderung der begrenzenden Vorgaben zu nutzen. Der Reiter muss zu jeder Zeit einen klaren Kanal bilden, damit das Pferd sich an diesem orientieren und die geforderte Spur einhalten kann. „Kanal bilden“ (Spur vorgeben) als auch „Durchtreiben“ (Tempovorgaben) sind keine zeitweiligen Lektionen, sondern müssen ständig vorgegeben werden.

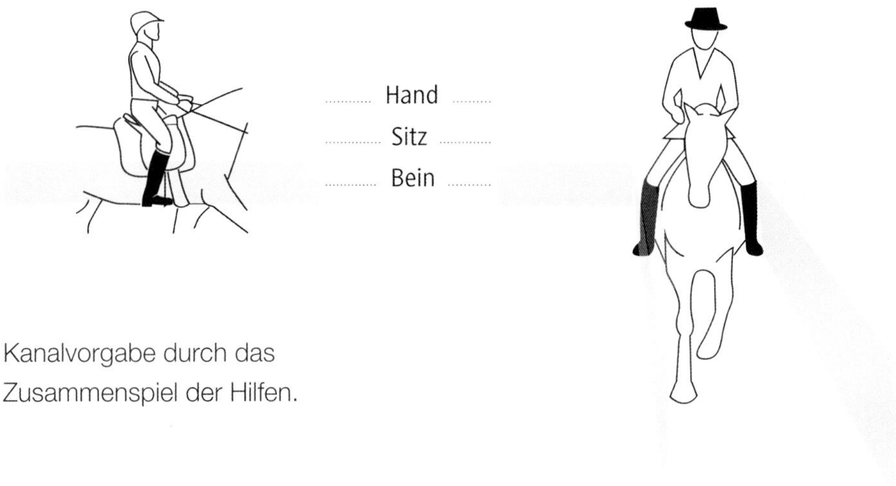

Kanalvorgabe durch das Zusammenspiel der Hilfen.

Wieso spricht man dann immer vom äußeren Zügel in einer Wendung? Treibe ich mein Pferd durch einen geraden Kanal, habe ich – wenn das Pferd meine Vorgaben akzeptiert – wenig bis kaum Kontakt an den seitlichen Begrenzungen. Ändert sich der Kanal jedoch von der geraden auf eine gebogene Linienführung, ist es absolut logisch, dass das Pferd vorerst mehr Kontakt am äußeren „Zaun"/Zügel bekommt und sich so an der neuen Linienführung orientiert. Somit wird in der Wendung die Schulter des Pferdes über den äußeren Zügel begrenzt. Aber noch mal: – Der äußere Zügel wendet nicht!

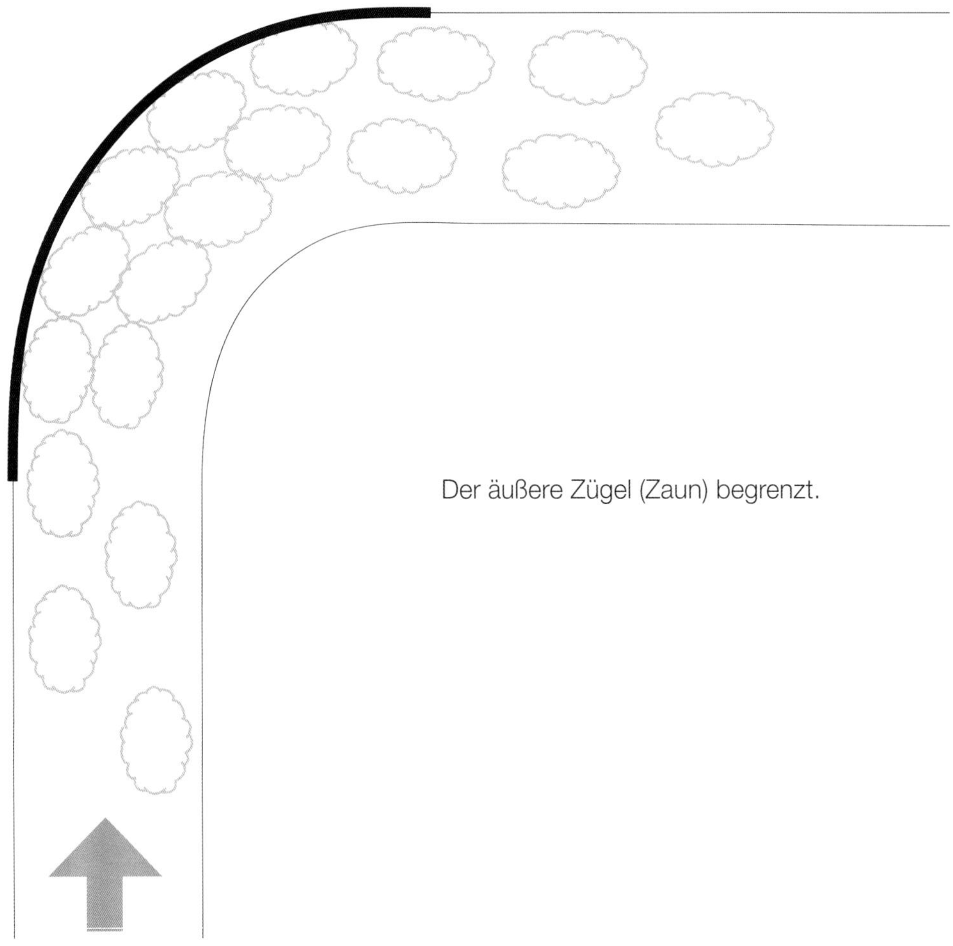

Der äußere Zügel (Zaun) begrenzt.

Fehleranalyse

(Äußerer Zügel wendet)

Der Reiter versucht, sein Pferd über den äußeren Zügel abzuwenden. Ausgangspunkt ist eine gerade Linienführung mit parallelen seitlichen Begrenzungen. Wenn der Reiter versucht, über den äußeren Zügel sein Pferd abzuwenden, passiert in erster Linie nichts anderes, als dass er – durch ein falsches Zurückwirken des äußeren Zügels – den Kanal in Richtung nach außen verändert. Das führt zu einem vermehrten Druck auf dem inneren Zügel, da das Pferd durch die Kanalveränderung dort „gegenläuft“. Das Pferd begibt sich, logischerweise, in Außenstellung und kippt dadurch mit der Schulter nach innen. Resultat ist ein Pferd, welches nicht zwischen den Hilfen und somit ausbalanciert der Spurvorgabe folgt, sondern ein Pferd, das in Konterstellung durch die innere Begrenzung kippt und dadurch falsch ausgerichtet und folglich schlecht ausbalanciert ist. Richtig wäre es, über das Zusammenspiel der Hilfen eine eindeutige Kanalvorgabe zu bilden, an der sich das Pferd orientieren kann.

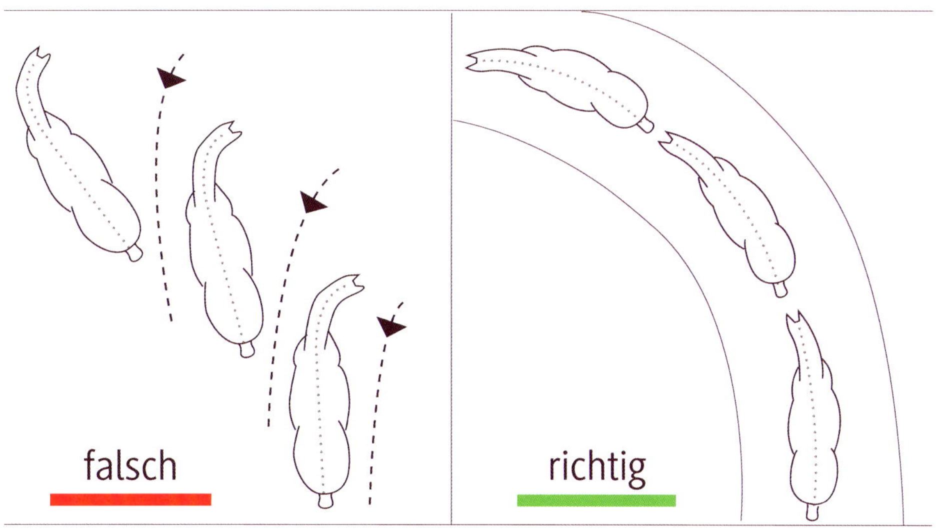

Fehleranalyse

(Äußerer Zügel hält das Pferd außen)

Der Reiter versucht, sein Pferd über den äußeren Zügel außen zu halten. Ausgangspunkt ist ein Pferd, welches zum Beispiel nach einem Sprung versucht, die Ecke abzukürzen und daher deutlich nach innen drückt. Nicht selten hört man dann Kommandos wie „Du musst außen mehr dranbleiben" oder „du musst ihn mehr gerade/außen halten". Was jedoch zu demselben fehlerhaften Resultat wie in dem vorherigen Beispiel führt. Außen wird mehr gehalten – dadurch ist der Kanal falsch ausgerichtet – das Pferd kippt in Konterstellung durch die innere Begrenzung.

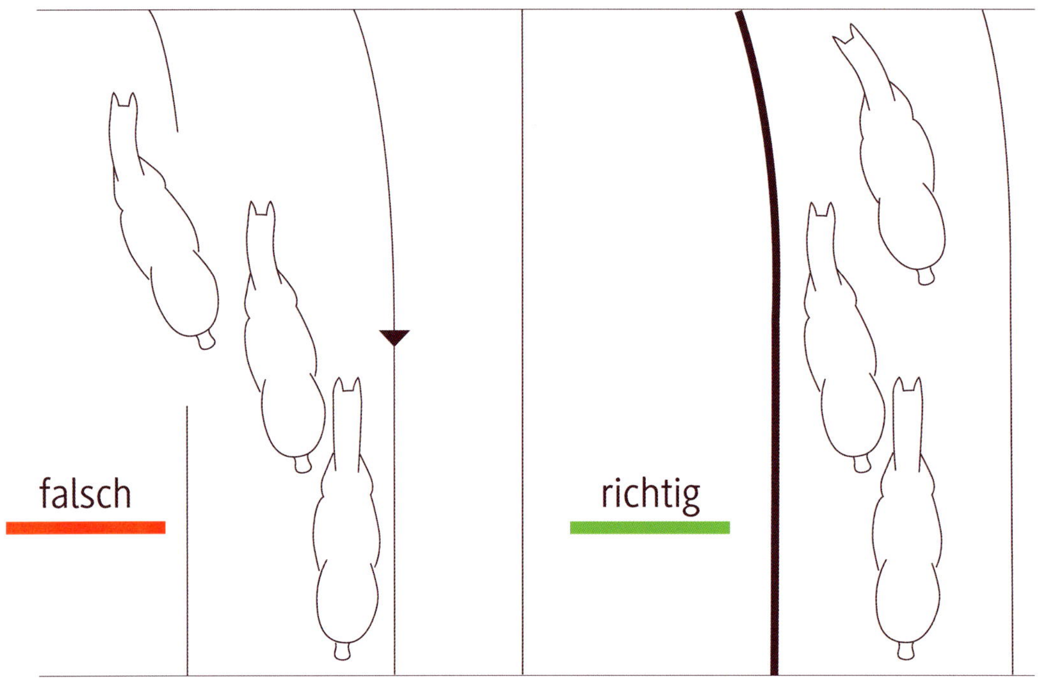

Jetzt ist es so, dass das Pferd – um noch mal auf das Prinzip mit den Schafen im Kanal zurückzukommen – nach dem Sprung sehr deutlich gegen die inneren Hilfen (Zaun) drückt.

Normalerweise sollte in dieser Situation kaum einer auf die Idee kommen, irgendetwas an dem äußeren Zaun zu verändern, sondern dort die Hilfen/Vorgaben (Zaun) verstärkt einfordern, wo das Pferd (Schafe) versucht, den Zaun zu durchbrechen. Sätze wie „durch die Wendung wird am inneren Schenkel und am äußeren Zügel geritten“ und „niemals am inneren Zügel wenden“ – sind in fast jedem Reiterkopf so stark eingemeißelt, dass sich kaum noch einer traut, die Pferdeschulter innen zu begrenzen. Noch einmal – der Reiter wendet nicht, sondern gibt dem Pferdekörper einen klaren Kanal vor. Versucht das Pferd, den inneren „Zaun„„„ des Kanals zu durchbrechen, macht es daher überhaupt keinen Sinn, etwas an der äußeren Begrenzung zu verändern. Im Gegenteil – in dieser Situation wäre es richtig, die inneren Begrenzungen durch Impulse so weit zu stärken, dass die gewünschte Ausrichtung des ursprünglich vorgegebenen Kanals weiterhin akzeptiert und folglich auch eingehalten wird.

Ziel ist es, dass das Pferd einen möglichst fein gesetzten Kanal zu jeder Zeit erkennt, akzeptiert und selbstständig durchläuft.

Ziel ist es, dass das Pferd einen möglichst fein gesetzten Kanal zu jeder Zeit erkennt, akzeptiert und selbstständig durchläuft. Insbesondere Pferden, die etwas schüchtern sind, kann ein eindeutiger stabiler Kanal sehr viel an Sicherheit geben. Das Pferd spürt und lernt, sich auf die Kanalvorgaben (den Reiter) zu verlassen. Wenn das der Fall ist, beginnen selbst schüchterne Pferde, dem Kanal so sehr zu vertrauen, dass sie an für sie ansonsten verängstigenden Dingen anstandslos vorbeilaufen. Im besten Fall bedeutet das, dass alles, was in dem Kanal ist oder vorkommt, unbedenklich ist – somit auch zum Beispiel jede Art von Hindernis.

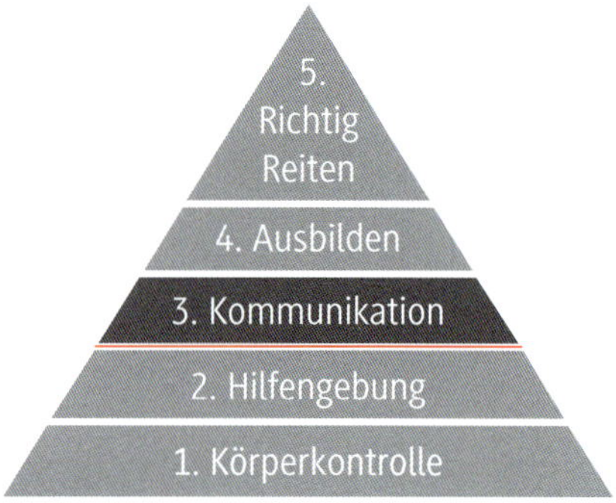

3. Kommunikation

[Aufgabenteilung]

Die Erkenntnis, dass Reiter und Pferd zwar als Einheit/Team zusammen, arbeiten, jedoch völlig unterschiedliche Aufgabenbereiche haben, hat mein Verständnis fürs Reiten massiv beeinflusst. Es ist von allergrößter Wichtigkeit, dass wir Reiter verstehen und akzeptieren, dass die Pferde die Sportler und wir „nur" die Trainer sind. Diese Tatsache lässt sich auch recht simpel erklären.

Reiter = Trainer und Pferd = Sportler

Wenn man nur mal kurz überlegt, an wen die Aufgaben in einer Dressur- oder Springprüfung gestellt sind, wird schnell klar, dass in erster Linie die Pferde gefordert sind. Lektionen wie zum Beispiel Durchparieren, Angaloppieren, Zulegen, Traversieren, Galoppwechsel, Sprünge oder einfach nur, welche Spur und welches Tempo einzuhalten sind, sind ausnahmslos Aufgaben, die das Pferd zu erfüllen hat. Die Aufgaben des Reiters liegen darin, die gewünschten Lektionen vorzugeben, einzufordern und zuzulassen. Ich kann mein Pferd nicht über den Sprung heben oder ihm die Beine Schritt für Schritt seitlich verschieben, um ein Schenkelweichen zu erreichen – wie denn auch?

Wie schon im Bereich Rangordnung (siehe Seite 13), ist es auch hier enorm wichtig, Verantwortung übernehmen als auch abgeben zu können.

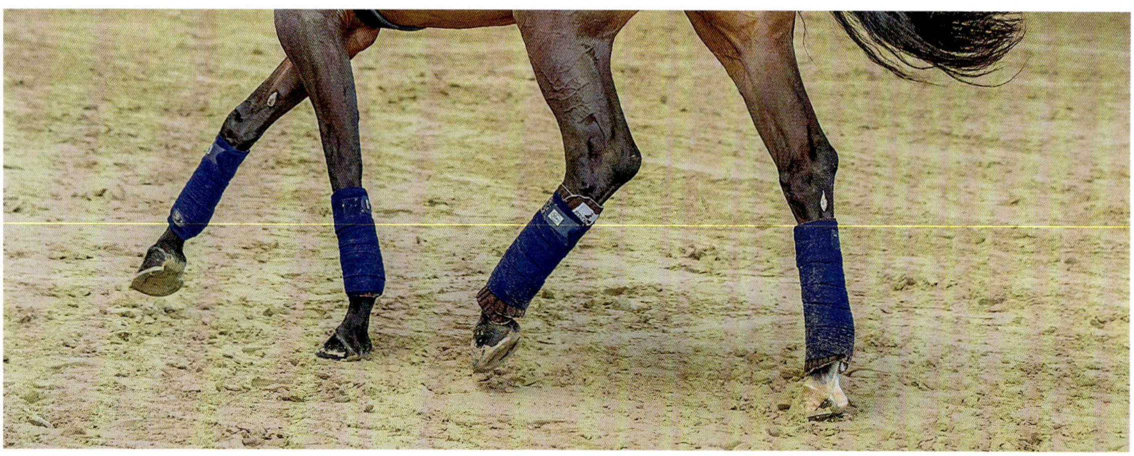

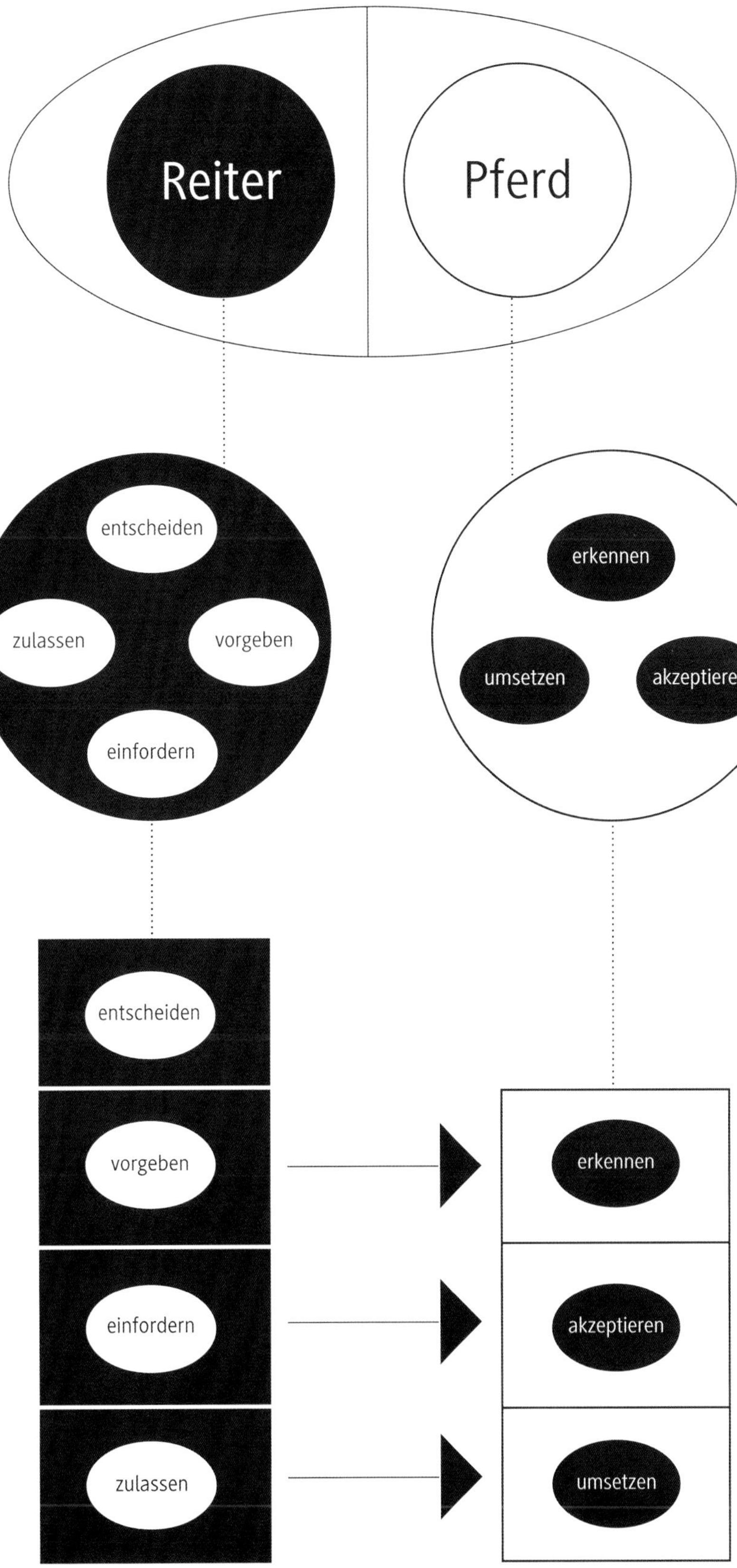
Reiter
Pferd
entscheiden
zulassen
vorgeben
einfordern
erkennen
umsetzen
akzeptieren
entscheiden
vorgeben
erkennen
einfordern
akzeptieren
zulassen
umsetzen

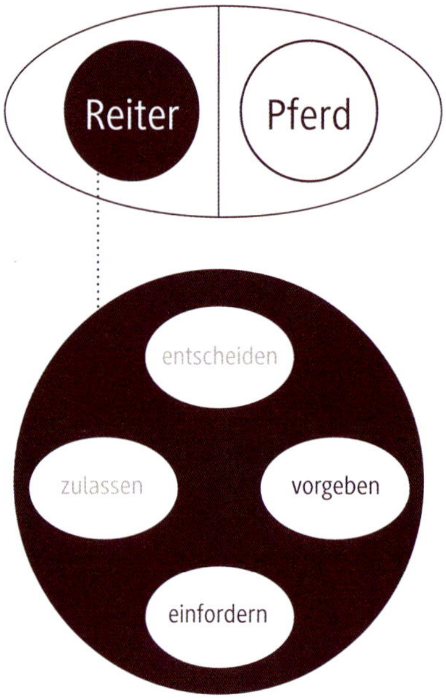

Vorgeben und Einfordern

Ich als Reiter sollte körperlich in der Lage sein, meinem Pferd möglichst klar und unmissverständlich vorzugeben, welche Aufgaben es erfüllen soll. Hierfür nutze ich die reiterlichen Hilfen: Sitz (Gewichtshilfen und Körpersprache), Schenkel (Wade als treibende und verwahrende Vorgabe), Hand (Zügelhilfen) und auch Stimme. Je eindeutiger und vor allem in der Wiederholung identischer meine Hilfen sind, umso einfacher sind sie für mein Pferd zu erkennen. Werden die Reiterhilfen immer möglichst gleich gegeben, wird es für das Pferd deutlich einfacher, diese zu erkennen. Diese Zuverlässigkeit in der Kommunikation, vermittelt Sicherheit und baut Vertrauen auf.

Jeder Reiter sollte sich bewusst sein, dass immer sein ganzer Körper kommuniziert und nicht nur beispielsweise die Waden, weil sie im Moment deutlicher eingesetzt werden. Gutes Vorgeben und Einfordern ist nur durch das Zusammenspiel der Hilfen zu erreichen.

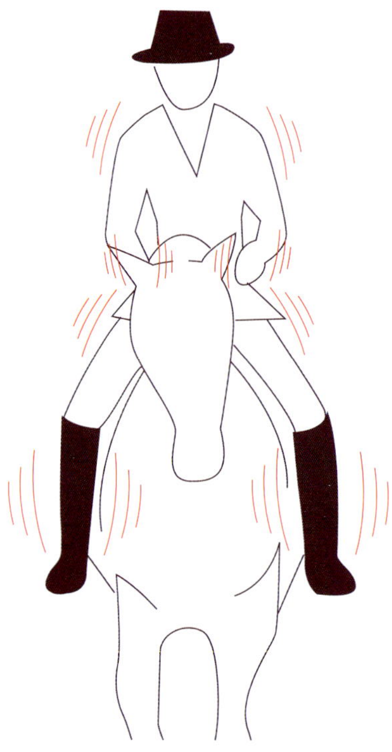

Das Wort „vorgeben“ beinhaltet einen entscheidenden Wortteil, nämlich VOR. Das bedeutet: Der Reiter muss zu jeder Zeit so vorausschauend reiten, dass das Pferd immer eine Vorgabe hat, an der es sich orientieren kann. Immer wieder sieht man Reiter, die ihr Pferd erst mal „irgendwie loslaufen lassen“ und dann beginnen zu reagieren und zu korrigieren. Zur Erinnerung – der Reiter gibt vor und das Pferd reagiert und nicht das Pferd gibt vor und der Reiter reagiert. Wenn der Reiter immer nur sagt, was er nicht will, wer sagt dem Pferd dann, was eigentlich gefragt ist? Ich sage lieber klar, was ich will (vorgeben), als was ich alles nicht will (reagieren).

Wer klar sagt, was er will, vermittelt automatisch, was er nicht will.

Wer eindeutig und klar sagt, was er will, vermittelt automatisch, was er alles nicht will. Die klare Vorgabe des Gefragten schließt all das, was ich nicht möchte, aus. Die körperliche Herausforderung für den Reiter besteht darin, seinen Körper sicher unter Kontrolle zu haben, um jederzeit in der Lage zu sein, das Gewünschte vorgeben und einfordern zu können. In der Praxis ist es oft so, dass der Reiter angehalten ist, seine Vorgaben vom Pferd einzufordern. Eine der größten Schwierigkeiten hierbei liegt sicher darin, die ursprüngliche Vorgabe nicht zu ändern oder sogar zu verlieren. Je deutlicher ich als Reiter etwas einfordern muss, umso genauer achte ich darauf, meine ursprüngliche Vorgabe nicht zu verändern. Passiert das doch – fordere ich plötzlich verstärkt etwas anderes, als ich ursprünglich wollte, was logischerweise das Pferd nicht zu einer Korrektur, sondern zu einer meist ungeplanten Veränderung animiert.

Die „korrekte“ Vorgabe ist Korrektur genug.

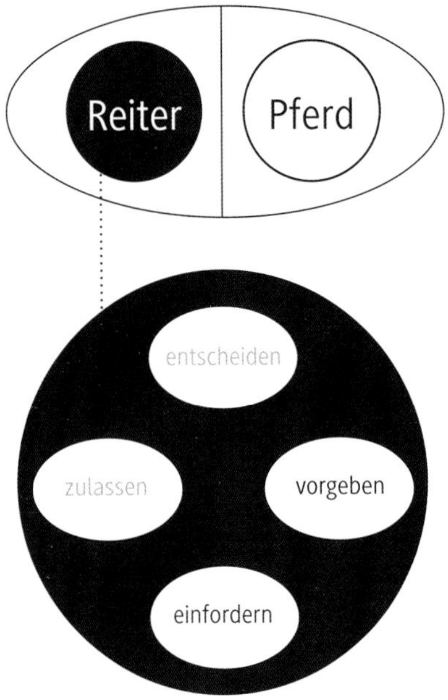

„Die angemessene und korrekte Vorgabe ist Korrektur genug“ – genau genommen, korrigiert der Reiter sein Pferd nämlich gar nicht, sondern bleibt so lange in der korrekten Vorgabe, bis das Pferd die Vorgabe erkennt, akzeptiert und selbstständig umsetzt. Bekannter ist wahrscheinlich der Satz: „Der korrekte Sitz korrigiert von selbst.“ Der korrekte Sitz bleibt jedoch leider nicht von selbst – diesen zu erhalten, ist die Aufgabe des Reiters.

Tatsächlich muss ich mich immer bemühen, meine Vorgaben völlig unabhängig vom Pferd aufrechtzuerhalten – unabhängig davon, ob mein Pferd die geforderte Aufgabe gerade gut oder schlecht löst. Es ändert sich nur der jeweilige Aufwand. Erfüllt mein Pferd die geforderten Aufgaben gerade sehr gut, ist mein Aufwand, die Vorgaben aufrechtzuerhalten, gering, sie bleiben jedoch bestehen. Löst mein Pferd die geforderten Aufgaben schlecht, ist es zwar deutlich aufwendiger und anstrengender, jedoch genauso wichtig, die korrekten Vorgaben unverändert aufrechtzuerhalten, um dem Pferd die Chance zu geben, diese zu erkennen, zu akzeptieren und die gestellte Aufgabe umzusetzen.

Ein kurzes Beispiel:
Fordere ich ein „Geradeaus“, aber mein Pferd drückt nach links, werde ich meine Vorgabe verstärken und verdeutlichen, aber weiterhin unverändert geradeaus ausgerichtet lassen. Sehr oft sieht man jedoch Reiter, die, wenn ihre Pferde statt gerade zu laufen, nach links drücken, nicht mehr Geradeaus, sondern ein „Nach-rechts“ fordern, um den Fehler des Pferdes auszugleichen.

Ergebnis: Das Pferd drückt nach links, der Reiter lenkt nach rechts, aber keiner der beiden ist oder bleibt in der eigentlich gefragten Aufgabe, nämlich dem Geradeaus. Diese Vorgehensweise trägt zur Verwirrung anstatt zur Verbesserung bei. Bleibe ich jedoch klar und konsequent in der Vorgabe „Geradeaus“, schließe ich ein Links oder Rechts automatisch aus. Vorgeben was man will – nicht, was man nicht will!

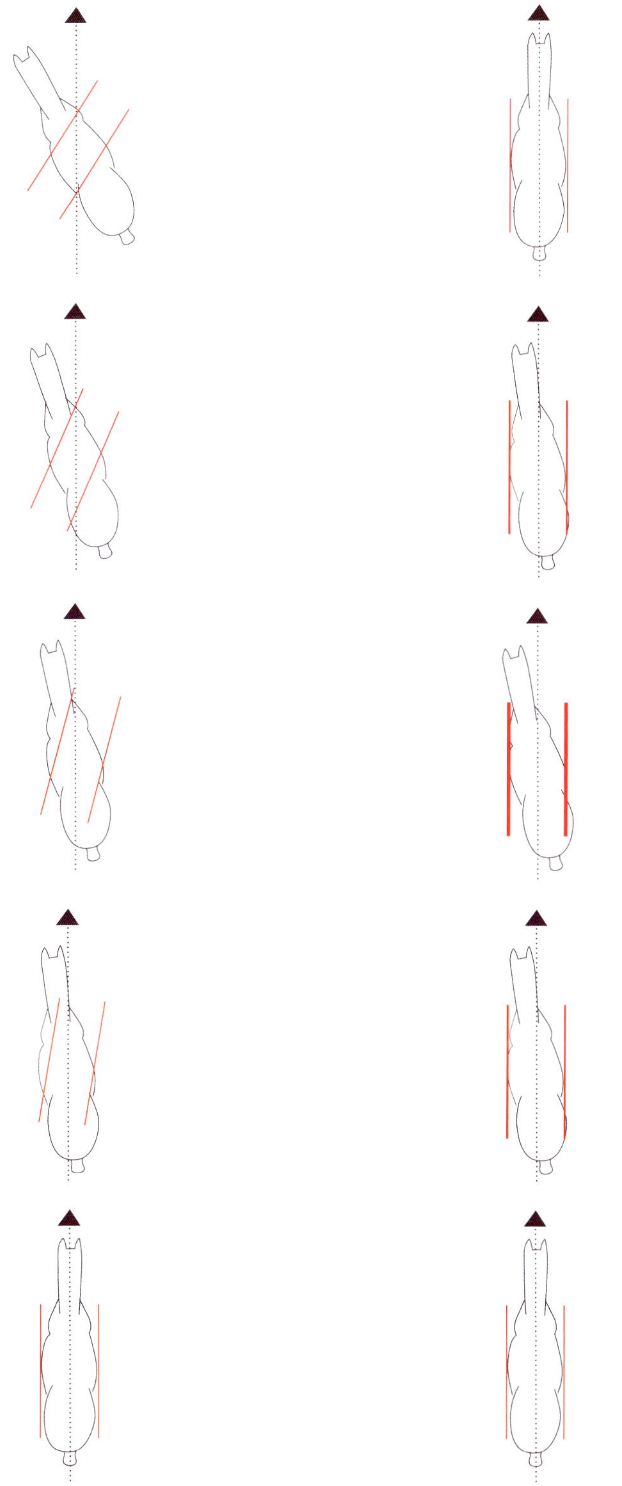

falsch richtig

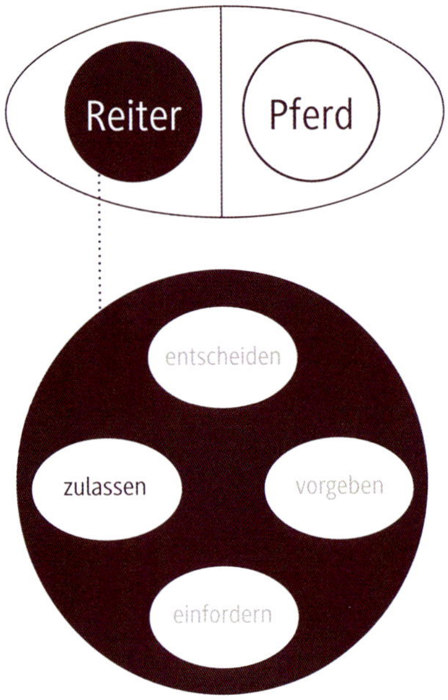

Zulassen

Wenn ich meinem Pferd etwas vorgebe und es einfordere, muss ich natürlich auch in der Lage sein, es zuzulassen, damit mein Pferd in der Umsetzung nicht gestört oder sogar gehindert wird. Die Fähigkeit des Reiters, zulassen zu können, ist notwendig, damit das Pferd die Möglichkeit hat, geforderte Aufgaben umzusetzen.

Zulassen ist die Kunst des Reiters, das Pferd bei der Umsetzung der geforderten Aufgaben nicht zu stören, ohne jedoch die ursprüngliche Vorgabe zu ändern. Dieser wirklich wichtige Punkt lässt sich anhand eines Beispiels sehr einfach und deutlich erklären.

Beispiel:
Fordere ich von meinem Pferd Mitteltrab, muss ich als Reiter in der Lage sein, diesen auch zuzulassen. Ist der Reiter zum Beispiel nicht locker genug in der Hüfte und muss sich dadurch immer mal wieder am Zügel festhalten, kann er einen Mitteltrab zwar fordern, aber ist selber technisch und körperlich nicht in der Lage, diesen auch so zuzulassen, dass das Pferd der Vorgabe ungehindert Folge leisten kann.

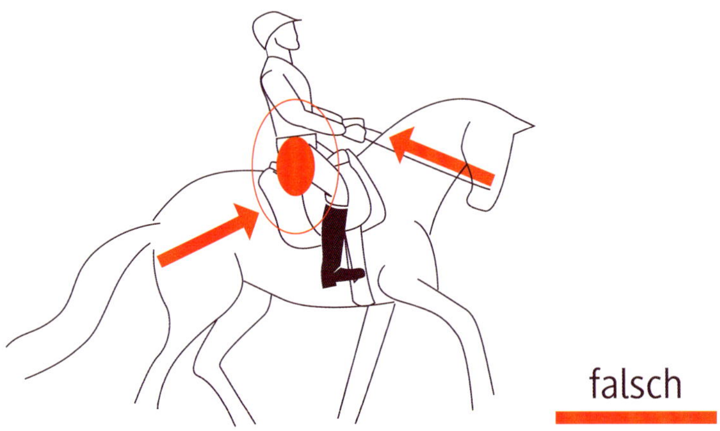

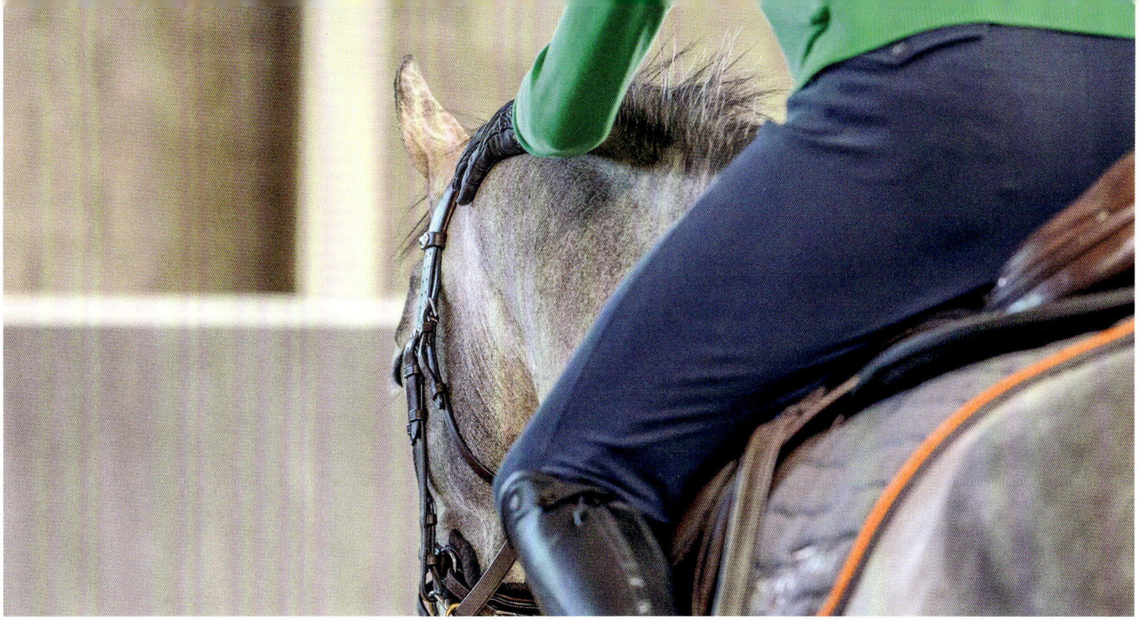

Das Pferd wird die geforderte Aufgabe nicht oder nur widerwillig erfüllen, jedoch nicht, weil es diese nicht erkennt oder akzeptiert, sondern aufgrund des hindernden Reiters. Leider sieht man recht häufig, dass der Grund des nicht Einhaltens als Ungehorsam oder Lustlosigkeit interpretiert wird. Anstatt am Defizit des Reiters zu arbeiten, wird schnell der Druck erhöht. Dies führt jedoch zu einem Reiter, der noch weniger in der Lage ist, den Mitteltrab zuzulassen, und dem Pferd gar keine Chance mehr gibt, die ursprüngliche Vorgabe zu erfüllen. Dass dies sowohl beim Pferd als auch beim (unwissenden) Reiter zu Frustration führt, ist leicht nachvollziehbar.

Ziel muss es sein, den eigenen Körper so gut unter Kontrolle zu haben, dass ich alles, was ich vorgebe und einfordere, auch zulassen kann. Das ist wiederum nur möglich, wenn ich meinen Sitz völlig unabhängig vom Pferd kontrollieren kann.

Achtung: Genauso wichtig ist es, dass ich beim Trainieren des Zulassenkönnens auf keinen Fall aufhöre, klar vorzugeben: sehr oft beim Zügel-aus-der-Hand-kauen-lassen oder am Sprung zu sehen. Die Reiter sind so darauf konzentriert, das Dehnen oder den Sprungablauf zuzulassen, dass sie schnell vergessen, vorzugeben. Wie wir bereits wissen: Ohne Vorgabe verliert das Pferd die Aufgabe und man beginnt automatisch, zu reagieren, was ein Zulassen wiederum nicht mehr möglich macht. Ohne Vorgabe gibt es kein Zulassen – denn was soll ich zulassen, wenn ich nichts vorgebe?

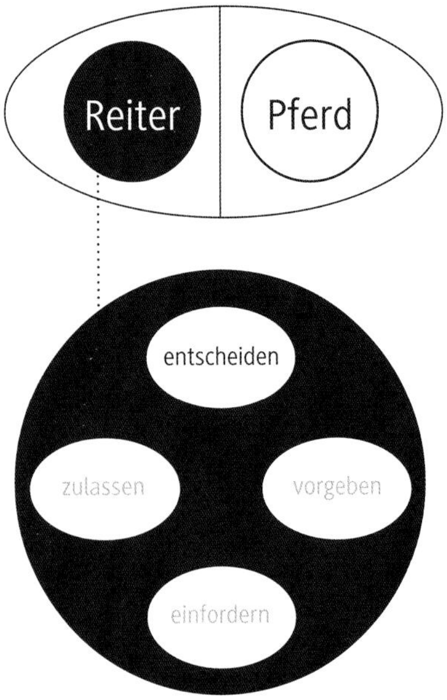

Entscheiden

Bevor ich jedoch etwas vorgeben, einfordern und zulassen kann, muss ich erst mal entscheiden, was ich gerne hätte. Ich als Reiter darf oder kann nicht nur entscheiden, ich muss dies tatsächlich auch. Gerade die Vorgaben „wo entlang" und „wie schnell" müssen zu jeder Zeit durch den Reiter entschieden und vorgegeben werden. Jeden Meter, den ich nicht entscheide, gebe ich die Entscheidung an mein Pferd ab. Das führt nicht zwingend direkt zu einem Problem, weil das Pferd sich zum Beispiel für einen Weg und ein Tempo entscheidet, welches mir als angenehm und angemessen erscheint. Die Gefahr liegt jedoch darin, dass ich meinem Pferd vermittle, es wäre fürs Entscheiden zuständig (Rangordnung). Diese Führungsrolle wird das Pferd, nur weil ich plötzlich wieder der Meinung bin, selbst entscheiden zu wollen (andere Spur- oder Tempowahl), nicht einfach so abtreten – schon gar nicht, wenn es eine Situation oder ein Weg ist, den das Pferd lieber nicht nehmen würde (z. B. am offenen Hallentor vorbei). Immer wenn der Reiter aufhört Entscheidungen zu treffen, gibt er diese Aufgabe an das Pferd ab – dass dies zu Auseinandersetzungen führen kann, liegt auf der Hand. Somit ist das Entscheiden nicht eine Art Lektion, die ich mal machen muss, sondern ein Dauerzustand. Genau darin liegt auch die Herausforderung. Es ist gar nicht so einfach, wirklich zu jeder Zeit als auch in jeder Situation klar zu entscheiden, „wo entlang" und „wie schnell". Der Anspruch liegt in diesem Beispiel gar nicht so sehr an der Komplexität, sondern viel mehr an der ununterbrochenen Notwendigkeit. Hier möchte ich zur Erklärung gerne das Beispiel an einem Sprung nehmen. Wenn der Reiter in der Luft (wie man es doch recht häufig sieht) runterschaut, gelingt es ihm aufgrund mangelnder Übersicht meist nicht mehr, klar zu entscheiden und vorzugeben. Nicht selten führt das dazu, dass die Pferde durch die Unterbrechung der Vorgabe beginnen, bereits über und nach dem Sprung selbst zu entscheiden. Das Resultat sind dann oft Pferde, die nach dem Sprung weglaufen oder die Wendungen abkürzen. Das fällt dann jedoch nicht unter Ungehorsam oder Unrittigkeit, sondern unter Vernachlässigung der Vorgaben. Entscheide ich nicht selbst, gebe ich diese Aufgabe an mein Pferd ab – wird dieses dann schneller oder kürzt den Weg ab, hat es streng genommen gar nichts falsch gemacht, da ich selbst ihm die Entscheidung überlassen hatte.

Jetzt haben wir lediglich die grundsätzliche Notwendigkeit zu Entscheidungen angesprochen. Der Bereich „Entscheiden" gehört aus meiner Sicht jedoch zu den umfangreichsten, da man sehr viele Dinge einbeziehen muss, um wirklich sinnvolle und effektive Entscheidungen treffen zu können. Erst jetzt, nachdem wir all das Fachliche und Theoretische durchgenommen haben, kommen wir zu dem Punkt „mit Gefühl reiten".

Mit Gefühl reiten

Was bedeutet das überhaupt: mit Gefühl reiten? Immer locker und leicht in der Hand zu sein? Immer geschmeidig in der Bewegung zu sitzen? Stetig ein harmonisches Bild zu erzeugen? Zu jeder Zeit ein gutes Gefühl zu haben? Immer mit dem Pferd im Einklang zu sein? All diese Punkte hören sich sehr schön an, haben jedoch „mit Gefühl reiten" recht wenig zu tun.

> Mit Gefühl zu reiten, heißt, zu spüren, wann welche Vorgaben/Aufgaben sinnvoll und notwendig sind.

Mit Gefühl zu reiten, heißt, zu spüren, wann welche Vorgaben und Aufgaben sinnvoll und notwendig sind, damit das Pferd die Chance hat, sich körperlich als auch mental bestmöglich weiterzuentwickeln.

Viel zu oft wird feines Reiten mit laschen, unklaren und für das Pferd schlecht erkennbaren Hilfen verwechselt. „Mit Gefühl reiten" beschreibt in keinster Weise, wie leicht oder deutlich die jeweiligen Hilfen des Reiters sind oder zu sein haben. Auch mit einem losen, lockeren Sitz und durchhängendem Zügel kann es sein, dass man ohne Gefühl reitet.

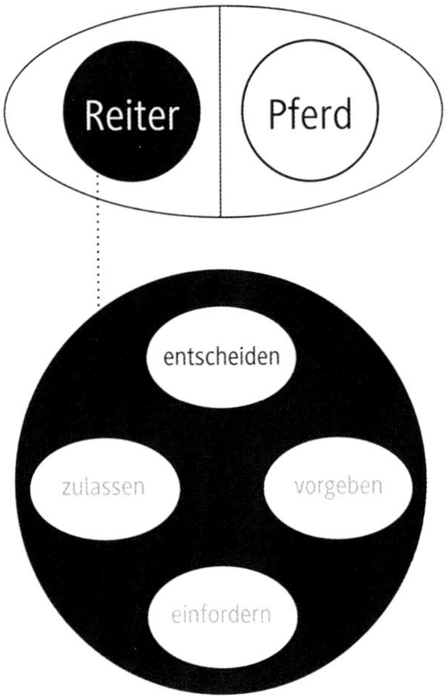

Nämlich dann, wenn das Pferd unsicher ist und nach Anlehnung und Führung sucht. In dem Moment wäre es angemessener, dem Pferd über einen stabilen Rahmen (Spur- und Tempovorgabe) die Sicherheit zu geben, die es braucht, um sich der geforderten Aufgabe stellen zu können.

Gerade im Amateurbereich ist der Wunsch, dass sich das Reiten gut anfühlt, manchmal so groß, dass einige Reiter/innen sich dazu verleiten lassen, notwendige Hilfen/Vorgaben aufzulösen, um den aufkommenden Widerstand (und somit das weniger schöne Gefühl) zu umgehen. Wenn das passiert, lehre ich mein Pferd, die Vorgaben im Zweifel lieber zu durchbrechen oder zu umgehen. Dies führt dazu, dass sich das Pferd den notwendigen Aufgaben, um zum Beispiel seine Muskulatur zu lösen, nicht mehr richtig stellt und immer fester und unbeweglicher wird. Wenn das zu häufig vorkommt, ist das Pferd aufgrund der verspannten Muskulatur gar nicht mehr in der Lage, die geforderten Vorgaben einzuhalten. Nicht selten sind gesundheitliche Probleme die Folge.

Auch wenn sich das etwas seltsam anhört – ich versuche gar nicht mit Gefühl zu reiten, ich versuche, möglichst sensibel zu sein und angemessen zu entscheiden. Habe ich mich für eine Aufgabe entschieden (Gefühl und Wissen), von der ich überzeugt bin, dass ich diese auch vorgeben, einfordern und zulassen kann, dann geht es in erster Linie darum, die Vorgaben stabil, klar und locker aufrechtzuerhalten und eben nicht darum, wie es sich für mich anfühlt. Nur dann hat das Pferd auch die Möglichkeit, sich mit der jeweiligen Aufgabe auseinanderzusetzen. Erkennt und akzeptiert das Pferd die geforderte Aufgabe (von der ich hundertprozentig sicher bin, dass sie angemessen und notwendig ist) nicht oder kann sie nicht sofort umsetzen, fühlt sich das für mich als Reiter nie besonders gut an. Das darf jedoch – trotz des schlechten Gefühls – auf keinen Fall dazu führen, dass ich meine Vorgabe aufgebe. Sonst würde ich meinem Pferd nicht die Chance geben, an dieser für es richtigen und

Es geht nicht darum, wie es sich für mich anfühlt.

wichtigen Lektion zu arbeiten. Mir ist klar, dass man sich seiner Entscheidung sehr sicher sein muss, um, gerade wenn es sich erst einmal bescheiden anfühlt, wirklich klar und konsequent bleiben zu können.

Um tatsächlich jeden Tag aufs Neue die richtigen Entscheidungen treffen zu können, muss der Reiter/die Reiterin lernen, sowohl den Körper des Pferdes als auch den eigenen richtig zu spüren und einzuschätzen. Ist die richtige Entscheidung getroffen, geht es um das klare und konsequente Einfordern der für das jeweilige Pferd angemessenen Vorgaben.

Warum wirklich gutes „Mit-Gefühl-Reiten“ anspruchsvoll ist, liegt daran, dass viele und noch dazu ständig wechselnde Kriterien eine Rolle spielen. Kurz zusammengefasst, sind das alle psychischen und physischen Voraussetzungen von Pferd und Reiter. Der größte Vorteil von erfahrenen, guten Reitern/innen ist es, zum einen das jeweilige Pferd, zum anderen auch sich selbst so gut zu spüren, dass die getroffenen Entscheidungen weder Pferd noch Reiter unter- oder überfordern.

Ich habe über die Jahre gelernt, dass uns die Pferde sehr klar zeigen, welche Art von Reiter sie brauchen, um bestmögliche Leistungen zu erbringen. Ich als Reiter bin (so gut es geht) immer der, der ich sein muss, damit mein Pferd sich gleichermaßen körperlich wie mental bestmöglich entwickeln kann.

Genau das bedeutet Trainer zu sein. Es geht nicht darum, wie es sich für mich anfühlt, sondern nur darum, ob die geforderten Aufgaben angemessen für mein Pferd sind.

Noch deutlicher gesagt: Es geht nicht um mich (Trainer), sondern immer nur ums Pferd (Sportler). Jede Verbesserung, die ich an mir (Sitz, Position der Beine und Hände, innere Haltung …) vornehme, mache ich nicht, um schöner oder korrekter auf dem Pferd zu sitzen, sondern immer nur,

- um meinem Pferd klarere Vorgaben geben zu können,
- um mein Pferd besser spüren und somit angemessen entscheiden zu können,
- um mein Pferd in der Umsetzung nicht zu stören,
- um meinem Pferd Sicherheit geben zu können,
- um meinem Pferd ein besserer Trainer zu sein.

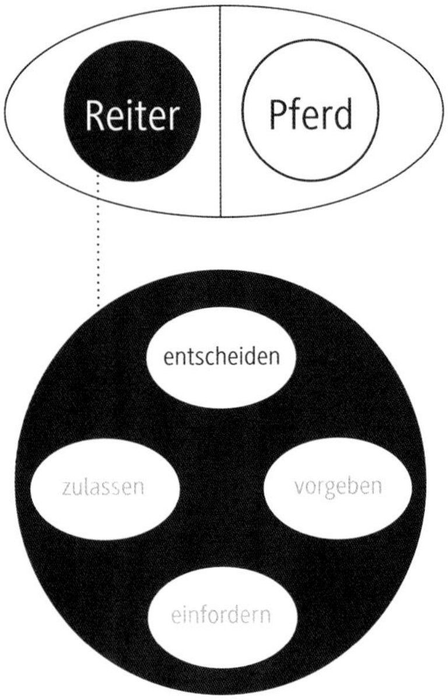

Der Gedanke, Trainer und nicht Sportler zu sein, hat es mir erst ermöglicht, mit Gefühl zu reiten und zu entscheiden. Dinge, die sich für mich schlecht anfühlen, können trotzdem für meinen Sportler Pferd richtig und wichtig sein. Genauso, wie sich Sequenzen, die sich für mich gut anfühlen, für meinen Sportler Pferd unangemessen, sogar auf lange Sicht schädlich sein können. „Trainer sein" und „mit Gefühl reiten" bedeutet: Es geht immer ums Pferd und darum, was für meinen Partner wichtig und richtig ist. Nicht um mein Gefühl, meine Wünsche oder Hoffnungen. Erst wenn ich es schaffe, meine Bedürfnisse so weit zurückzustellen, dass es nur noch um meinen Partner Pferd geht, werde ich in der Lage sein, durchgehend richtige Entscheidungen zu treffen.

Ein Beispiel sind Reiter, die einen hohen Sprung oder eine Diagonale Mitteltrab fordern, um ihr eigenes Gefühl oder Ego zu bedienen, anstatt Aufgaben zu stellen, die für das Pferd sinnvoll sind. Das lässt sich recht oft auf dem Turnier beobachten oder wenn andere Reiter zuschauen. Am Abreiteplatz wird das Springen von übertrieben hohen Sprüngen entsprechend als „Posing" bezeichnet. In dem Moment geht es nämlich nicht um richtig und wichtig für mein Pferd, sondern nur darum, zu zeigen, wie toll man vermeintlich selbst ist.

Geht es jedoch wirklich ums Pferd, dann fordert der Reiter nur Aufgaben, welche für die momentanen physischen, wie psychischen Möglichkeiten des Pferdes angemessen und/oder notwendig sind. Einflüsse, die nicht das Training des Pferdes betreffen, spielen keine Rolle. Wer gerade zuschaut, wie der Tag bisher verlaufen ist, was ich gerne reiten würde, wie es aus meiner Sicht bereits laufen sollte u.v.m. sind solche Gedanken, die das Training nicht beeinflussen dürfen.

Gerade Amateure, die noch unerfahren sind und noch unsicher reiten, tun sich verständlicherweise oft schwer, sich als Trainer zu fühlen. Das

Als Reiter/Trainer bin ich immer der, der ich sein muss.

jedoch nur, weil ein kleiner Denkfehler vorliegt. Wie wir bereits wissen: Reiter zu sein, heißt Trainer zu sein, und zwar unabhängig vom jeweiligen Leistungsniveau (Anfänger oder Profi). Reitanfänger müssen zum Beispiel zunächst lernen, sich auf dem Pferd zurechtzufinden.

Jedoch mit dem Ziel, später in der Lage zu sein, ihren Pferden Aufgaben zu stellen. Fortgeschrittene Reiter arbeiten beispielsweise am Einschätzen von Distanzen (siehe Seite 104). Auch dies mit dem Ziel, ihren Pferden die Aufgabe Sprung so stellen zu können, dass das Pferd bestmöglich damit zurechtkommt. Profireiter überlegen sich zum Beispiel genau, wie sie ihr Pferd auf ein Turnier vorbereiten, sodass ihr Sportler und Partner Pferd die bestmögliche Leistung bringen kann.

Ich erkläre das meinen Schülern immer anhand des Trainers einer Fußballmannschaft. Ich muss nicht Trainer der Ersten Bundesliga sein, um Trainer sein zu können. Auch wenn ich als Trainer noch sehr unerfahren bin und viele Fehler mache, bin und bleibe ich in der Position des Trainers und werde nicht zum Spieler. „Manche Reiter können ja eher was vom Pferd lernen", ist auch eine Aussage, die bei einigen dazu führt, zu glauben, nicht Trainer sein zu können. Die Aussage ist grundsätzlich richtig – ändert jedoch nichts daran, dass ich als Reiter der Trainer bin. Jeder noch so gute oder schlechte Reiter kann von seinem Pferd immer noch was lernen. Ich lerne tatsächlich von jedem Pferd, welches ich reite, noch etwas dazu – jedoch sind das alles Dinge, die mir helfen, ein besserer Reiter zu werden und nicht ein besserer Sportler.

Meine Schüler hören von mir immer: „Wenn ihr in den Stall fahrt, macht ihr das nicht, um zu reiten, sondern um euch mit euren Pferden zu beschäftigen und um ihnen etwas beizubringen." Das Reiten an sich ist aus meiner Sicht reine Notwendigkeit. Ich lerne reiten, damit es mir möglich ist, meinem Pferd vom Sattel aus etwas beizubringen oder

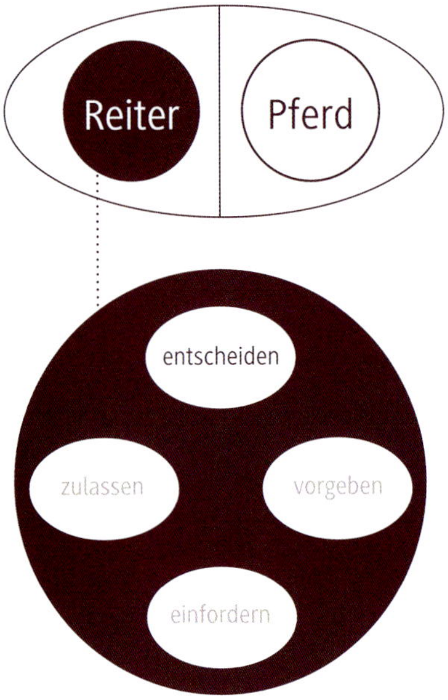

dieses abzufragen. Wer nur reitet um des Reitens willen, wird zu keiner Zeit einen guten Draht zu seinem Pferd bekommen, geschweige denn, ihm etwas beibringen können. Wie ich schon in meinem ersten Buch geschrieben habe: „Wer schön auf dem Pferd sitzen kann, kann noch lange nicht gut reiten." Ein guter Reiter zu sein bedeutet, dem Pferd ein guter Trainer zu sein.

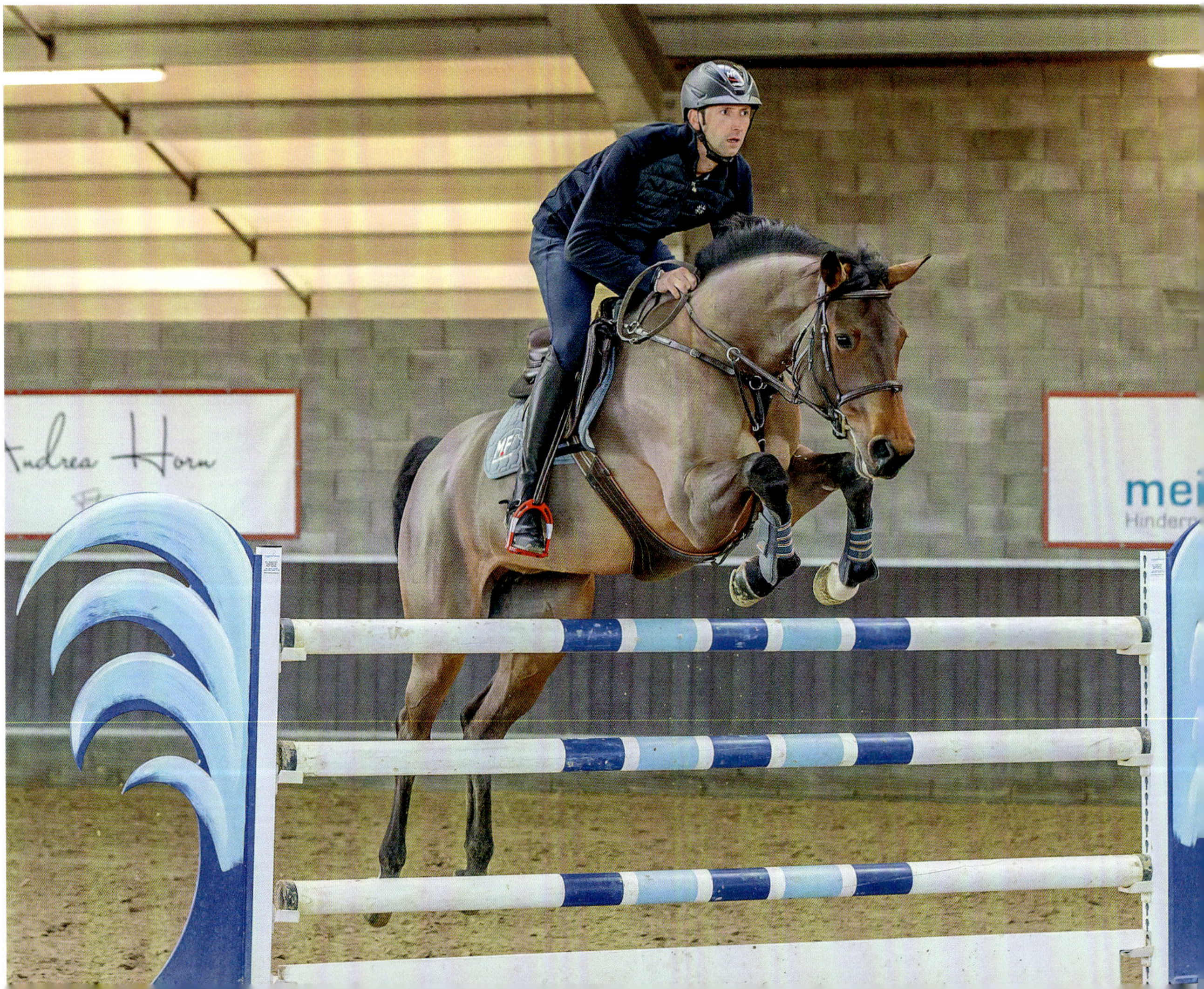

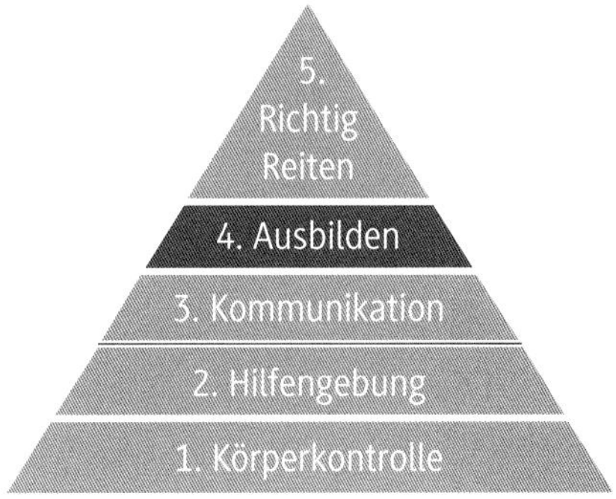

4. Ausbilden

Wenn man verstanden hat, dass alle diese Aufgaben an unsere Pferde gestellt sind, wird automatisch klar, dass die Aufgabe des Reiters darin liegt, das Pferd so zu schulen und zu trainieren, dass es diese Aufgaben selbstständig lösen kann. Deswegen spricht man im Reitsport auch von Pferdeausbildung. Ziel ist es, dass unsere Pferde allen von uns gestellten Aufgaben mental und körperlich gewachsen sind.

Solange sich Reiter als die eigentlichen Sportler sehen, werden sie immer dazu verleitet sein, die ans Pferd gestellten Aufgaben selbst zu machen. Ich als Reiter kann mein Pferd jedoch weder angaloppieren, schließen, abwenden oder über einen Sprung heben.

Ich kann diese Aufgaben einfordern, aber umsetzen muss es das Pferd selbst. So gern ich meinem Pferd vielleicht auch helfen würde – ich bin schon rein körperlich nicht in der Lage, 500 Kilogramm ernsthaft zu unterstützen. Natürlich ist es so, dass Reiter eine gewisse Sportlichkeit (Balancegefühl, Körperkontrolle, Ausdauer usw.) haben müssen – jedoch nicht, um ein guter Sportler, sondern um ein guter Trainer sein zu können.

Helfen kann ich meinem Pferd nur durch klare, möglichst selbsterklärende Vorgaben, die so angemessen gegeben sind, dass mein Pferd die Chance hat, die gewünschte Aufgabe bestmöglich und selbstständig zu erfüllen. Wenn mich Reitschüler wegen vermeintlicher Probleme kontaktieren, da sie ihr Pferd z. B. nicht „abgewendet, gestellt, versammelt, gebogen“ bekommen, sind sie zunächst verblüfft, wenn ich Ihnen erkläre „Das ist alles kein Problem – das gehört ja auch gar nicht zu deinen Aufgaben.“

Die Aufgabenteilung lässt sich ganz einfach anhand eines Sportler-Trainer-Beispiels erklären. Wir haben einen Trainer und einen Jugendlichen, der einen Handstand zeigen soll.

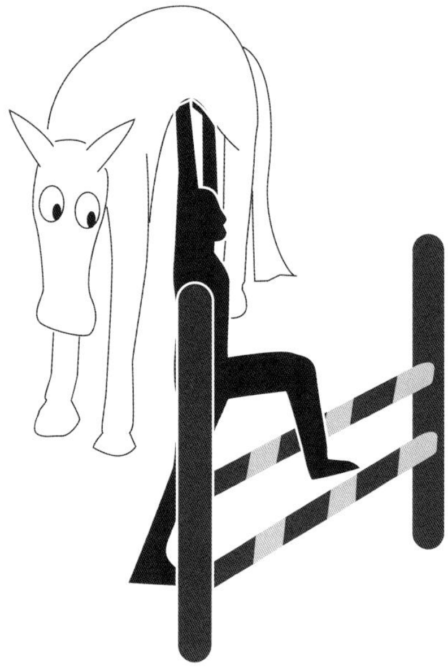

Optimal wäre es, wenn der Trainer den Schüler nur auffordern müsste und der Schüler macht den Handstand völlig selbstständig und somit ohne jegliche Hilfe. Im Reitsport ist es jedoch oft so, dass der Trainer versucht, seinen Schüler im Handstand festzuhalten, damit er diesen auf gar keinen Fall falsch oder unsauber macht. Jetzt ist es jedoch so, dass unser Partner nun mal knapp 500 Kilogramm hat und wir darauf sitzen – anhand dieser Ausgangsposition ist es logischerweise völlig sinnlos, dem Pferd körperlich helfen zu wollen. Selbst wenn ich in der Lage wäre, mein Pferd körperlich zu stützen, würde ich dies immer zu vermeiden suchen, da das Ziel die Ausbildung ist, und nicht darin besteht, den Sportler möglichst gut in der gewünschten Posotion zu halten. Um wieder auf das Beispiel mit dem Handstand zurückzugreifen. Würde ich meinen Sportler im Handstand immer festhalten, würde er nicht nur nicht lernen sich selbst auszubalancieren, sondern sogar noch schlechter werden, da er nicht mehr versuchen würde, die Balance selbst zu finden. Was das bei einem so schweren Lebewesen wie einem Pferd bedeutet, sollte jedem einleuchten.

Ein Pferd, welches nicht unabhängig vom Reiter in der Lage ist, die geforderte Spur und das geforderte Tempo (Balance) aufrechtzuerhalten, ist wie ein Sportler, der den Handstand nur dann zustande bringt, wenn ich ihn festhalte. Einen Menschen im Handstand in der Balance zu halten, ist zwar auch nicht das Ziel, wäre jedoch durchaus möglich. Ein Pferd, welches gar nicht mehr versucht oder in der Lage ist, selbstständig Balance zu halten, wird für jeden Reiter auf kurz oder lang ein großes Problem, da das Pferd verlernt, die Kontrolle über seinen eigenen Körper zu behalten. Das Beispiel mit dem Handstand lässt sich tatsächlich auf jede Aufgabe, die ich meinem Pferd stelle, umlegen. Wie selbstständig löst mein Pferd die von mir gestellte Aufgabe? Egal, ob an der Hand, unter dem Sattel, im Dressur-, Spring-, Western- oder Fahrsport.

Kontrollverlust tritt immer dann ein, wenn Pferd und/oder Reiter die Kontrolle über ihren eigenen Körper verlieren.

Der tatsächliche Verlust von Kontrolle findet immer dann statt, wenn das Pferd und dadurch logischerweise auch der deutlich leichtere daraufsitzende Reiter die Kontrolle über ihren eigenen Körper verlieren.

Beim Reiten dreht sich alles um Kontrolle – jedoch bei Weitem nicht so, wie es leider sehr oft und falsch verstanden wird. Es geht niemals darum, den Körper des Pferdes kontrollieren zu wollen – kein Reiter auf dieser Welt hat den Körper seines Pferdes besser unter Kontrolle, als das Pferd es selbst haben könnte – sondern das Ziel sollte immer sein, dass ich mich und meinen Körper unter Kontrolle habe und das Pferd sich und seinen Körper unter Kontrolle hat. Denn nur, wenn das gegeben ist, macht es wirklich Sinn, das Pferd – über die verschiedenen Hilfen – Aufgaben selbstständig und unabhängig machen zu lassen. Jeder kennt den Satz: „Der Sitz des Reiters sollte unabhängig von der Hand sein."

Er ist auch absolut richtig. Noch wichtiger ist, dass der Sitz des Reiters völlig unabhängig vom Pferd ist. Denn nur dann ist man als Reiter in der Lage, in jeder Situation das Gewünschte vorzugeben, ohne das Pferd in der Umsetzung zu stören. Die gewünschte Kontrolle lässt sich somit nur über Kommunikation erreichen und nicht über ein körperliches Halten, Machen oder Zwingen. Jeder Kontrollverlust des Reiters führt zu einer Behinderung des Pferdes und jeder Kontrollverlust des Pferdes macht es dem Reiter deutlich schwerer, seine Unabhängigkeit zu behalten.

Mein Körper gehört mir, dein Körper gehört dir.

Einer meiner eigenen Leitsätze ist: Egal, was ich auch von meinem Pferd fordere – mein Körper gehört mir und dein Körper gehört dir (dem Pferd). Je besser und unabhängiger der Reiter seinen Körper unter Kontrolle hat und je besser das Pferd seinen, desto feinere und unsichtbarere Hilfen sind notwendig, um das Pferd die gewünschten Lektionen machen zu lassen.

Achtung: Kontrolle über seinen Körper zu haben, heißt nicht, eine bestimmte Position („Silhouette vom korrekten Sitz") hinzubekommen, sondern vielmehr, dass ich jeden Teil meines Körpers wirklich so steuern kann, wie ich es gerne hätte. Selbiges gilt fürs Pferd – eine vermeintlich korrekte Silhouette sagt noch nicht zwingend etwas über die Bewegungsmöglichkeiten des Pferdes aus. Hilfreich ist es dabei, an die Muskulatur zu denken. Die Muskulatur sollte im Idealfall kraftvoll, geschmeidig, beweglich und locker sein. Wenn Reiter oder Pferd in der Lage sind, eine Position sicher beizubehalten, ist das noch kein Anzeichen von locker oder beweglich! Erst wenn sowohl ich als auch mein Pferd jede x-beliebige Haltung annehmen (natürlich keine gesundheitsschädigende) und auch zu jeder Zeit wieder ändern kann, ist von einer flexiblen, lockeren Muskulatur auszugehen.

Weder eine bestimmte Halshaltung noch Körperposition oder Silhouette des Pferdes gibt Auskunft über gut oder schlecht, sondern nur die Muskulatur.

Somit gibt einem weder eine bestimmte Halshaltung noch Körperposition oder Silhouette des Pferdes Auskunft über gut oder schlecht, sondern nur die Körpermuskulatur selbst. So schließt sich der Kreis und es wird klar, warum Reiter und Pferd zwar ein Team sein müssen, jedoch sehr klar getrennte Aufgabenbereiche haben.

In den folgenden Grafiken ist klar erkennbar, welche Aufgabenbereiche dem Pferd und welche dem Reiter zugeschrieben sind. Der Reiter/die Reiterin muss entscheiden, vorgeben, einfordern und zulassen können. Dem stehen die Aufgaben des Pferdes gegenüber, nämlich erkennen, akzeptieren und umsetzen.

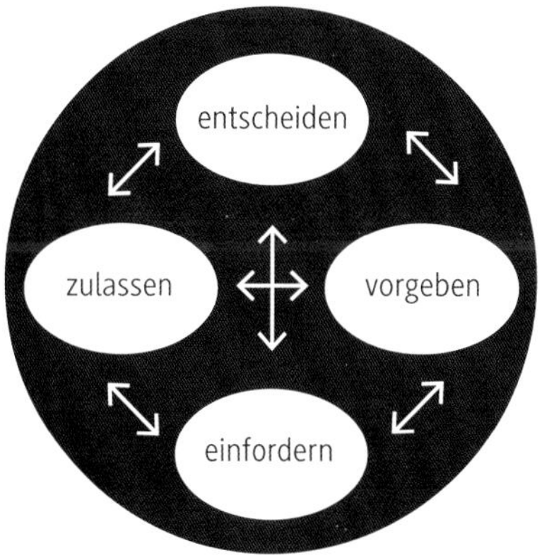

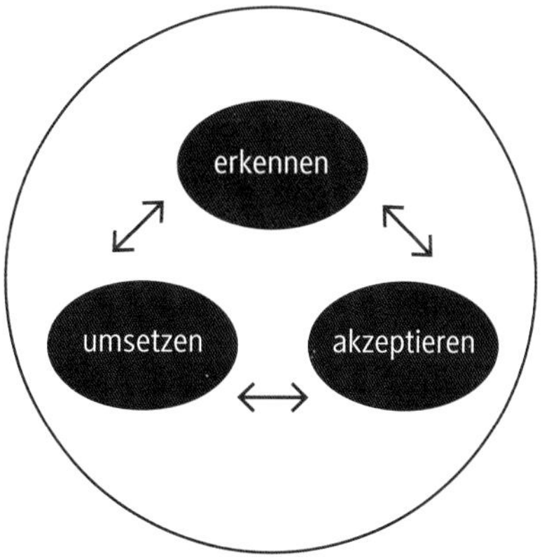

Wie aus den Grafiken ersichtlich, beeinflusst tatsächlich jeder einzelne Punkt jeden anderen. Als Reiter darf ich mich nur für solche Aufgaben für das Pferd entscheiden, die ich auch in der Lage bin vorzugeben, einzufordern und zuzulassen.

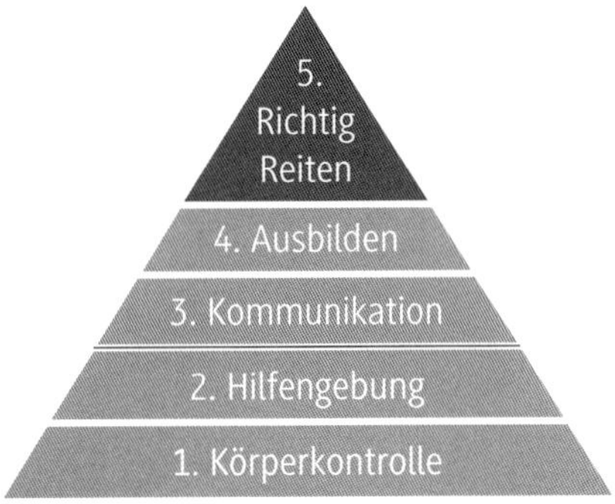

5. Richtig Reiten

Richtig reiten – die Spitze der Skala der Reiterausbildung – vereint alle Bausteine der Pyramide.

- Absolute Kontrolle über den eigenen Körper.
- Sicheres Anwenden von wiederholbaren, technisch korrekten Hilfen.
- Gefühl und Verständnis für die Kommunikation mit dem Lebewesen Pferd.
- Das Wissen sowie die notwendige Souveränität und Übersicht, um Pferde ausbilden zu können.

Ist man als Reiter in der Lage, all diese Punkte zu erfüllen, hat man die Chance, eine starke, harmonische Einheit mit dem Pferd zu bilden. Diese Einheit ermöglicht es zu jeder Zeit, jegliche Aufgaben problemlos abzufragen. Jegliche Aufgaben beziehen sich nicht zwingend auf Lektionen oder Turnierreiten, sondern auf die verschiedensten Herausforderungen, die einem Pferd-Reiter-Paar begegnen können.

Richtig gut reiten ist wohl etwas, was man nie als abgeschlossen verbuchen kann. Dafür ist jedes Pferd, jede Situation oder auch nur Entwicklungsphase zu unterschiedlich. Ich glaube, in wenigen Sportarten trifft der Satz „Man lernt nie aus“ besser zu als beim Reiten. Reiten verhält sich ähnlich wie eine Beziehung – nur wenn man es schafft, sich jeden Tag aufs Neue auf sich selbst, das Pferd (den Partner) und auf die Kommunikation einzulassen, kann man eine langfristige und erfolgversprechende Bindung aufbauen. Richtig reiten beschreibt somit einen sich immer wieder erneuernden Prozess, um mit dem Pferd eine Einheit zu bilden, die sich durch keinerlei Einflüsse deutlich negativ beeinträchtigen lässt.

Die „MF-Skala der Reiterausbildung“ gibt dem Reiter einen strukturierten Aufbau an die Hand, welcher harmonisches und pferdegerechtes Reiten und somit die erwünschte Einheit mit dem Pferd überhaupt erst ermöglicht.

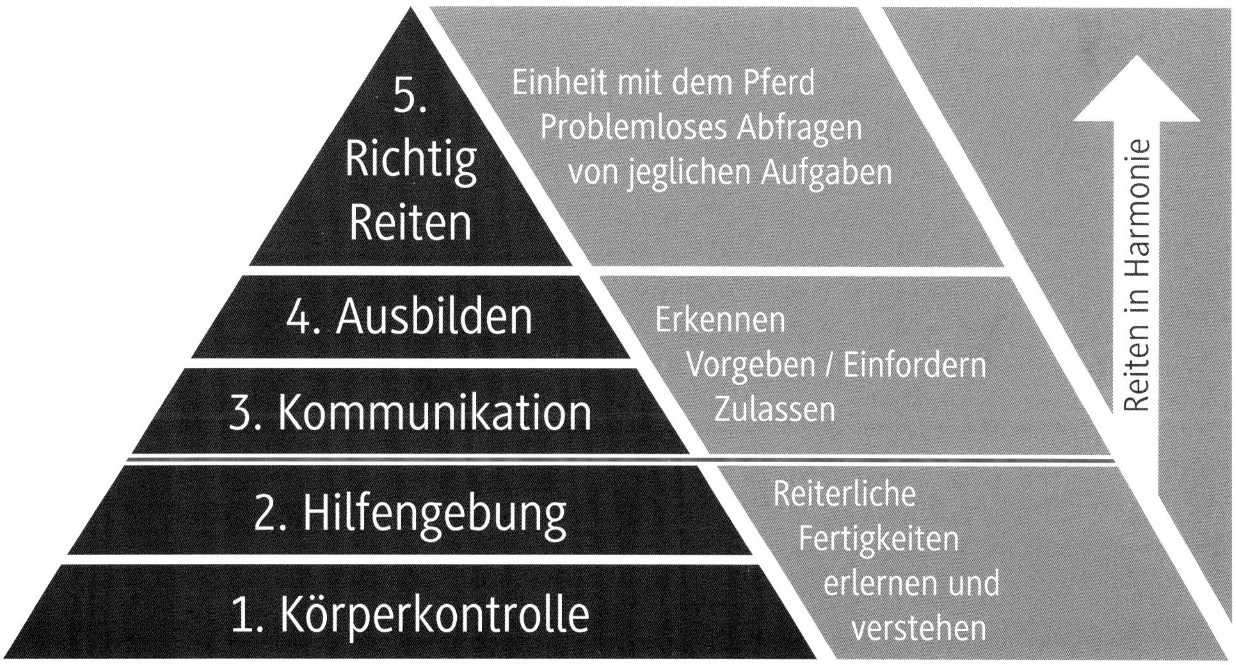

Skala der Reiterausbildung von Michael Fischer

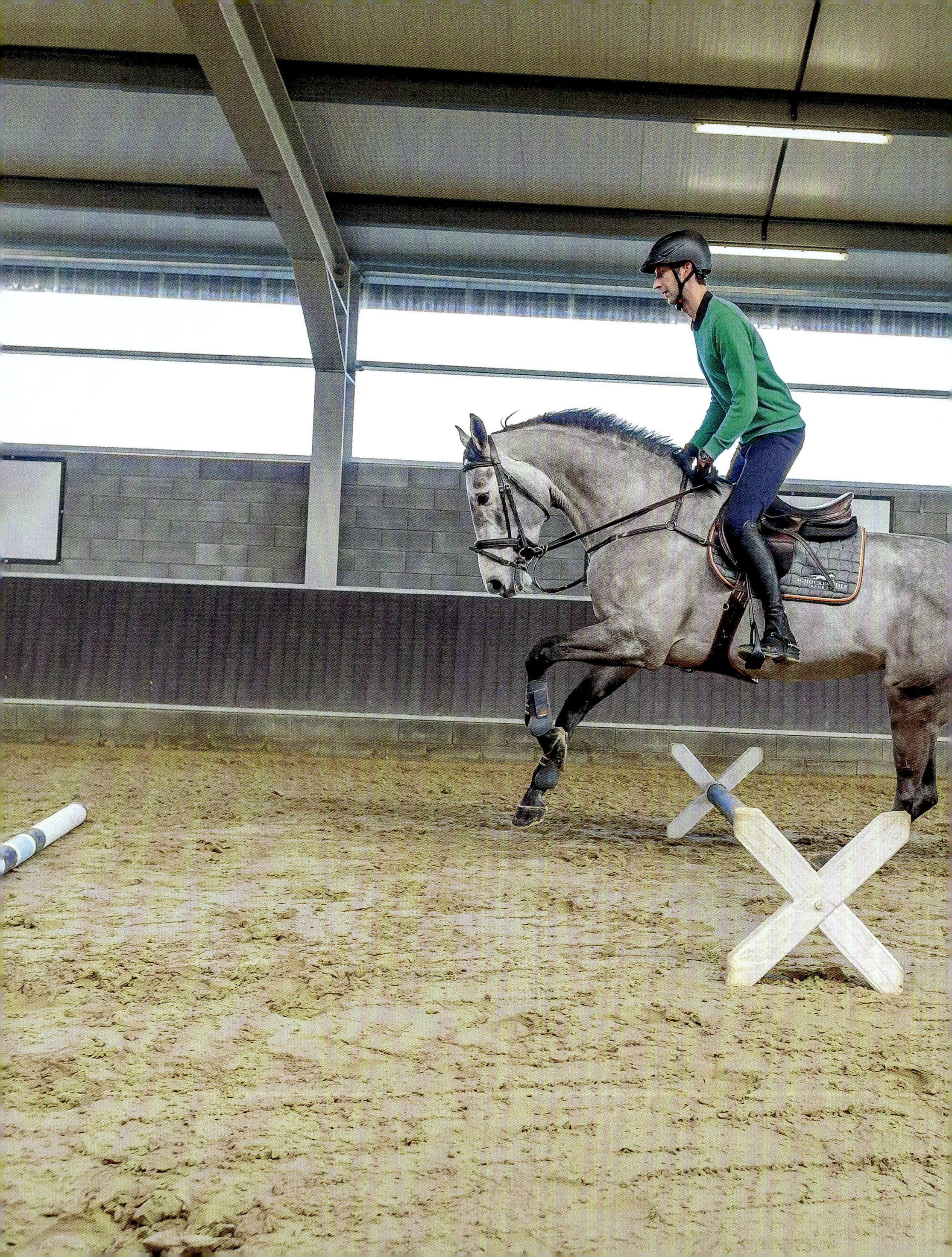

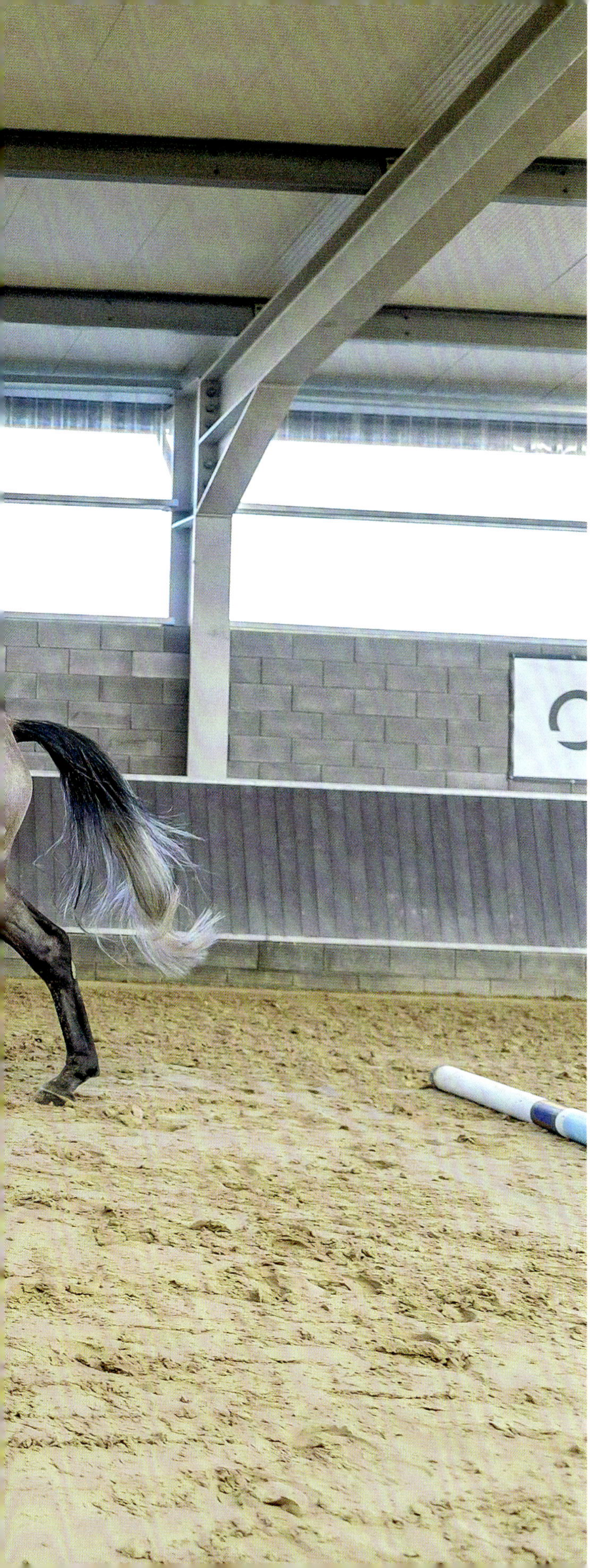

Aufgaben des Pferdes

(Sportler)

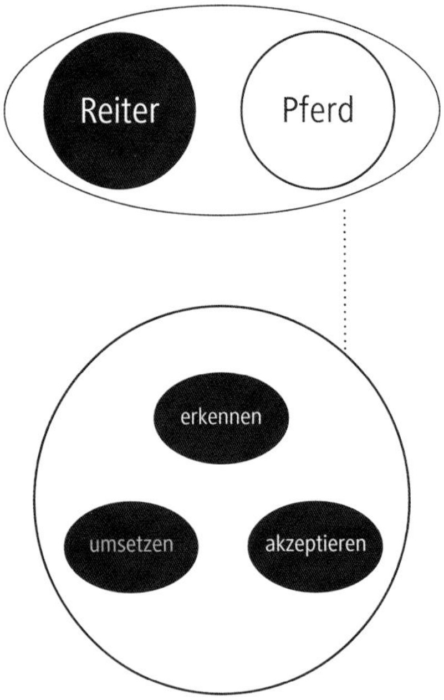

Aufgaben des Pferdes

Erkennen und akzeptieren

Pferde werden Begriffe wie Zirkel, Traversale, Schulterherein, durchs Genick, Kombination usw. niemals begreifen. Pferde lernen nicht durch logisches Verstehen, sondern Pferde erkennen verschiedene Vorgaben. Es gibt keine Hilfe, die dem Pferd sagt: „Jetzt bitte Zirkel." Die geforderte Spur (Zirkel) wird durch das Zusammenspiel der Hilfen vorgegeben. Vereinfacht erklärt begrenzen die Hilfen das Pferd so, dass nur noch der Weg des Zirkels frei ist. Das bedeutet, das Pferd wird den vorgegebenen Kanal erkennen und akzeptieren, jedoch nicht verstehen, dass die geforderte Aufgabe von uns Menschen als korrekter Zirkel bezeichnet wird. Letztlich ist es dem Pferd egal, wie welche Lektionen von uns Menschen

Dem Pferd ist es egal, wie welche Lektionen von uns Menschen bezeichnet werden.

bezeichnet werden. Entweder sind die Hilfen des Reiters für das Pferd selbsterklärend und gut erkennbar oder eben nicht. Hat das Pferd die vom Reiter vorgegebenen Hilfen erkannt, muss es diese natürlich auch akzeptieren. Hier kommen wir wieder an den Punkt der Rangordnung (siehe Seite 13). Für Pferde ist es sehr wichtig, dass die gesetzten Hilfen immer möglichst identisch gegeben werden. Umso eindeutiger und in der Wiederholung möglichst gleich die Vorgaben sind, desto schneller wird das Pferd diese erkennen und entsprechend umsetzen können.

Natürlich ist das Ziel, mit möglichst feinen Hilfen zu reiten – jedoch ist es, vor allem in der Ausbildung, sehr wichtig, dass die Vorgaben des Reiters so eindeutig und klar sind, dass sie für das Pferd möglichst einfach zu erkennen sind. Deswegen könnte zum Beispiel bei jungen Pferden die Zügelführung etwas breiter gewählt werden, um den Kanal (Spur) etwas klarer und einfach erkennbar vorzugeben. Die Möglichkeit, Vorgaben noch eindeutiger zu setzen, kann und wird auch immer wieder bei erfahreneren Pferden genutzt, um sie zum Beispiel deutlicher auf die geforderte Aufgabe zu fokussieren.

Die Vorgaben des Reiters sollten so eindeutig sein, dass sie einerseits unmissverständlich zu erkennen sind und gleichzeitig dem Pferd ausreichend Bewegungsfreiheit lassen, um die gewollte Aufgabe ungestört ausführen zu können.

Umsetzen

Dieser Bereich ist voll und ganz dem Pferd überlassen. So gerne man als Reiter das Ergebnis auch beeinflussen möchte, die körperliche Umsetzung der geforderten Aufgabe ist und bleibt Sache des Pferdes. Wie schon unter „Kommunikation (Aufgabenteilung)" beschrieben, geht es darum, das Pferd seinen eigenen Körper so gut trainieren und kennenlernen zu lassen, dass es ohne Hilfe oder Stütze des Reiters auskommt. Je mehr der Reiter versucht, dem Pferd in der Umsetzung zu helfen, desto weniger wird das Pferd selbstständig an seinem Körper arbeiten.

Selbst wenn dem Pferd die Umsetzung der einen oder anderen Aufgabe noch nicht gelingt, darf der Reiter dem Pferd keine körperliche Unterstützung anbieten.

> Die körperliche Umsetzung ist und bleibt die Aufgabe des Pferdes.

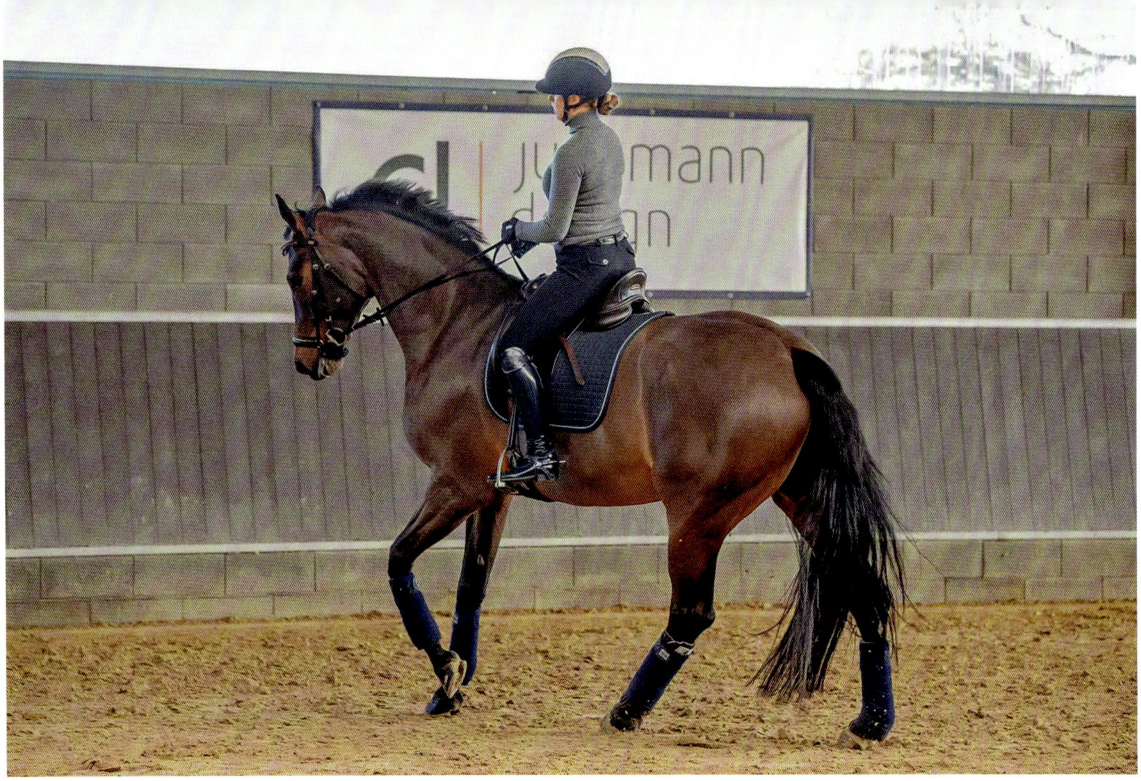

Da ich am Ende dem Pferd auf Dauer körperlich sowieso nicht helfen kann, biete ich es ihm erst gar nicht an. Dem Pferd ständig Aufgaben abzunehmen, hat auf Dauer auch mentale Auswirkungen auf das Pferd. Lasse ich das Pferd die geforderten Aufgaben nicht selbst lösen, nimmt das dem Pferd auf Dauer jegliche Motivation, seinen Körper einzusetzen und mitzumachen. Es wäre auch für jeden Menschen frustrierend, wenn er Aufgaben gestellt bekommt, die er dann jedoch nicht selbst ausführen darf. Schnell kann die innere Haltung „dann mach es halt selbst“ aufkommen. Das Ziel ist, sein Pferd zu motivieren, seinen Körper selbst zu kontrollieren. Die fleißigsten, motiviertesten und am Ende auch erfolgreichsten Pferde sind die, die dies gelernt haben. Pferde, die die an sie gestellten Aufgaben selbstständig bewältigen, sind deutlich selbstbewusster und aufmerksamer.

Pferde brauchen das Gefühl, eine Aufgabe zu haben, um sich körperlich als auch mental positiv weiterzuentwickeln. Es ist sinnvoller, den Bereich der Umsetzung vollständig dem Pferd zu überlassen – auch wenn es mal länger dauert –, als eine schnelle Verbesserung zu erzwingen und dem Pferd dadurch jegliche Selbstständigkeit, Motivation und somit die Einstellung zum Sport zu nehmen.

Fazit

Ich halte es für ungeheuer wichtig, dass Pferd und Reiter jeweils in ihren Aufgabenbereichen bleiben. Das Team Reiter und Pferd kann aus meiner Sicht nur dann optimal zusammenarbeiten, wenn ich als Reiter meine Bereiche gut erfülle und das Pferd auch die Chance hat, seine Bereiche zu erfüllen. Dafür muss man als Reiter lernen, Verantwortung zu übernehmen (ich entscheide, gebe vor, fordere ein und lasse zu), aber genauso muss man lernen, Verantwortung abzugeben (denn das Pferd führt aus). Lasse ich meinem Pferd nicht seinen Bereich und somit seine Aufgaben, beraube ich es seiner Rolle und zerstöre dadurch die Idee des Teams Reiter-Pferd. Die gewünschten Ergebnisse sind jedoch nur mit einem Team zu erreichen, in dem jeder seine Aufgabenbereiche bestmöglich erfüllt.

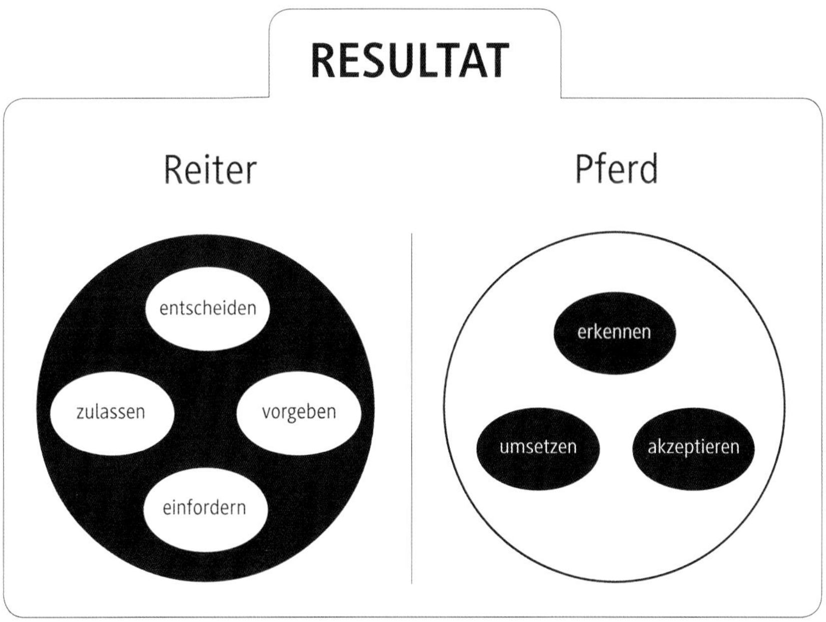

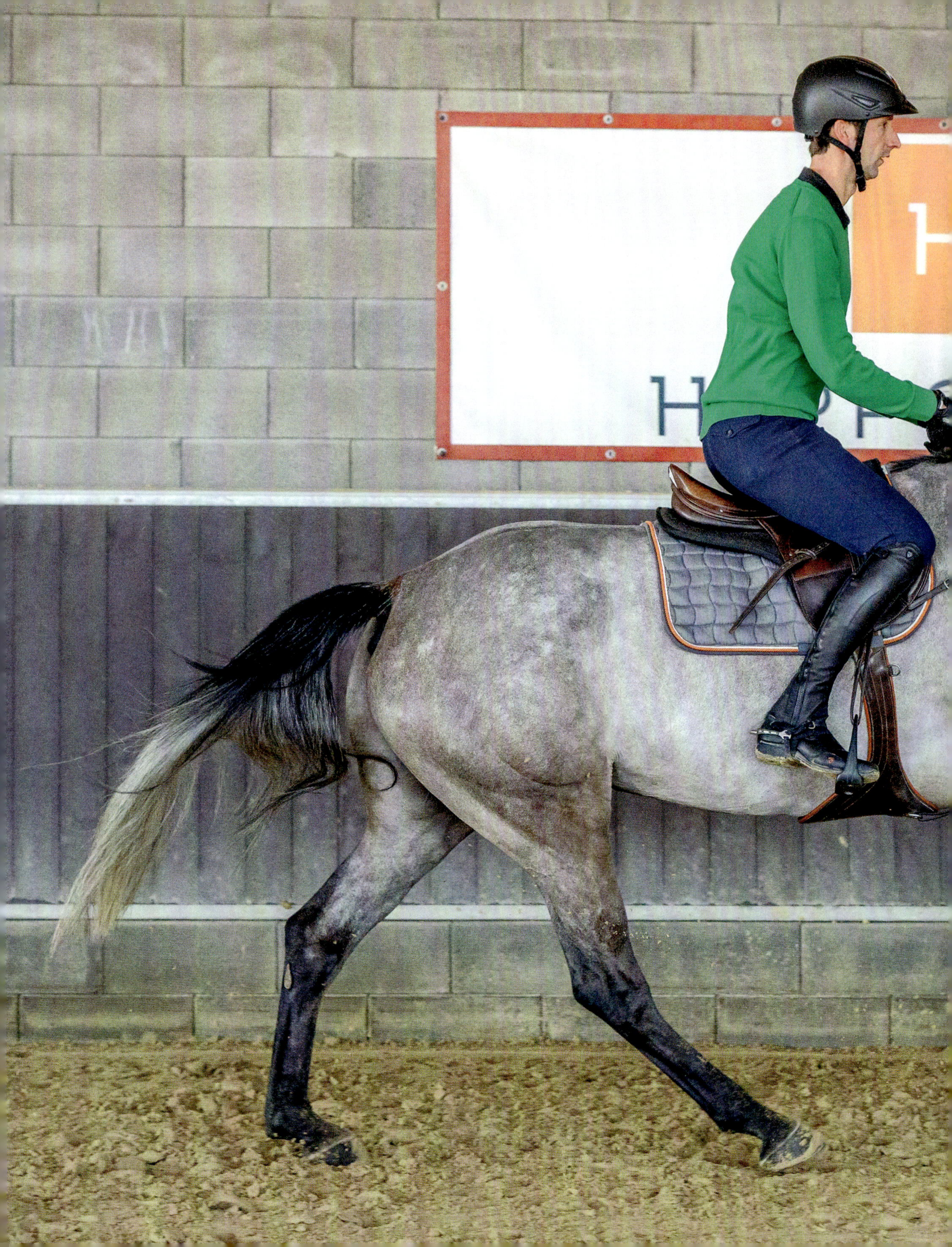

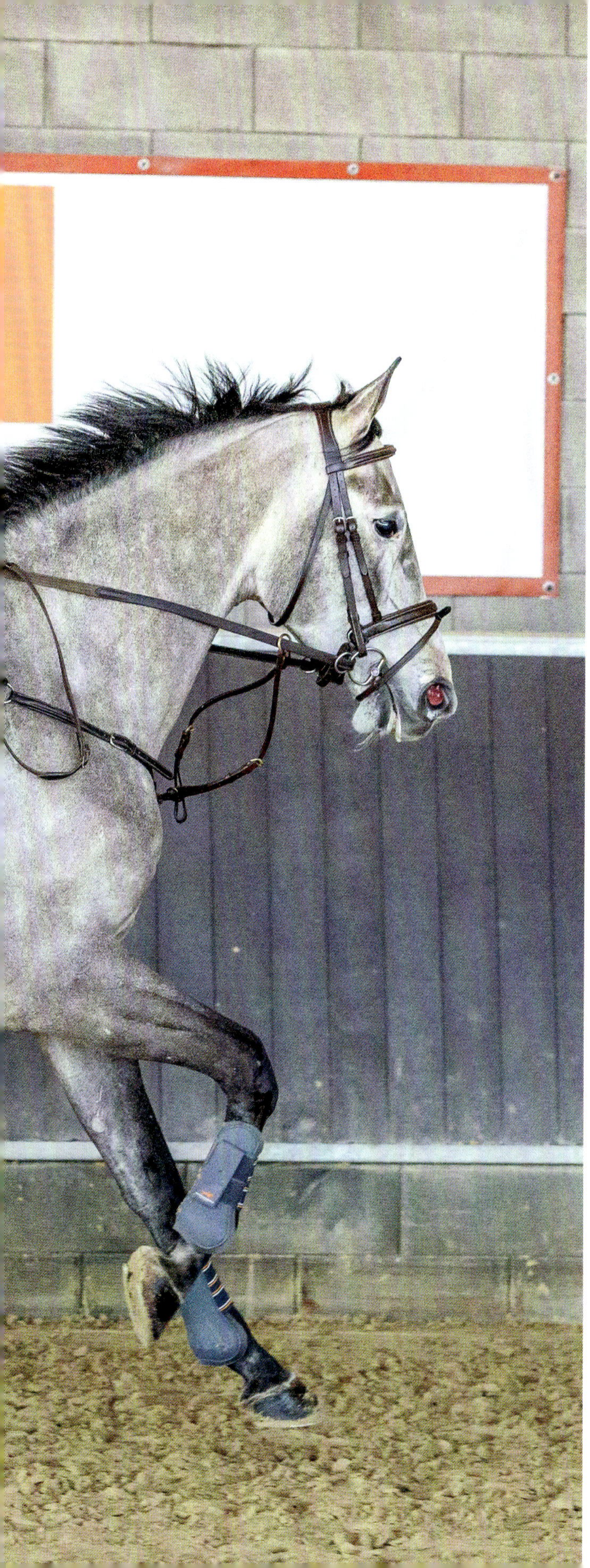

Pferde richtig trainieren

(Sportler)

Pferde richtig trainieren

Das Pferd „entwickelt" sich von hinten nach vorne

Das ist eine absolut richtige Aussage. Daher ist es umso unverständlicher, warum heutzutage die Beurteilung hauptsächlich von vorne nach hinten stattfindet.

Die Verbindung Hinterhand-Pferdemaul entsteht durch den Energiefluss, der vom Hinterbein ausgehend („Motor") über die Kruppe, durch den Pferderücken, durch Widerrist und Schulter, durch Hals und Genick bis schlussendlich ans Gebiss verläuft. Geht dieser Energiefluss ungehindert von hinten nach vorne durch den Körper, spricht man von einem „sich durch den Körper bewegenden Pferd". Ist das der Fall, ist tatsächlich jeder Muskel des Pferdes in Bewegung und somit in der Lage, die Energie hindurchfließen zu lassen.

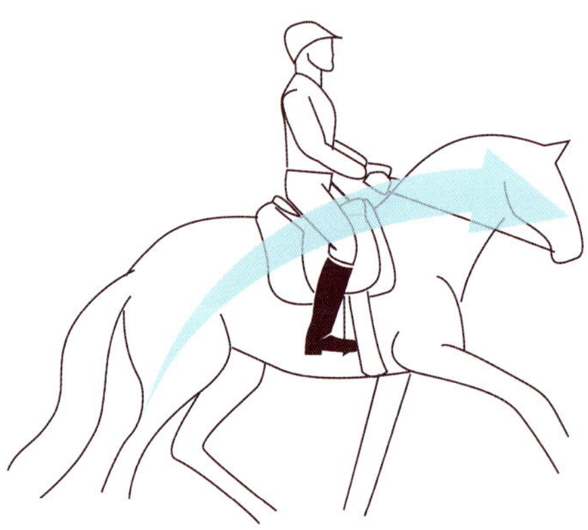

richtig

Ist der Reiter sich dessen bewusst, lassen sich Verspannungen und Blockaden recht deutlich und genau lokalisieren. Dort wo der Energiefluss verzögert, stockt oder ausweicht sind mit hoher Wahrscheinlichkeit muskuläre Verspannungen beteiligt oder es kommt schlicht zu wenig Energie aus dem „Motor“ (Hinterbein). Tatsächlich lassen sich – optisch schwer bis gar nicht zu erkennende – Blockaden über den Energiefluss recht gut ausfindig machen. Ich vergleiche das gerne mit einem Kanal, durch den Wasser fließt. Stelle ich in diesen Kanal völlig durchsichtige und somit nicht zu erkennende Gegenstände, zeigt einem das Wasser durch ein Vorbeifließen, Aufstauen oder Verzögern sehr klar, wo sich die Blockaden befinden. Somit werden nicht sichtbare Hindernisse (Blockaden) plötzlich klar lokalisierbar.

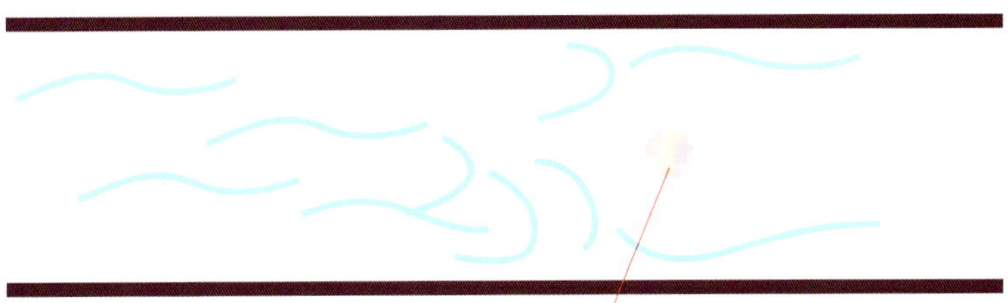

***Beispiel**: Der Energiefluss kommt vom Hinterbein über die Kruppe in den Rücken und stockt dort.*

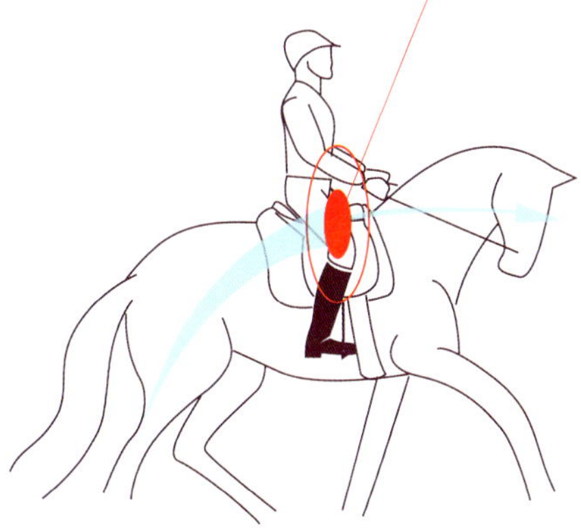

falsch

Dadurch ist die Verbindung Hinterhand-Pferdemaul genau an dieser Stelle unterbrochen. Mögliche Ursachen sind: ein klemmender Reiter (zuerst zu hinterfragen), der zum Beispiel durch falsches Treiben (also quetschen) buchstäblich den Energiefluss abdrückt oder es kommt von der Hinterhand einfach zu wenig Energie nach oder in der Rückenmuskulatur sind Verspannungen beziehungsweise Blockaden. Resultat ist oft ein hinter dem Gebiss gehendes Pferd, welches nicht mehr durch den ganzen Körper schwingt. Der Energiefluss geht nicht durch den ganzen Körper hindurch, wodurch meist auch die Verbindung zum Pferdemaul fehlerhaft wird – das Pferd geht zum Beispiel hinter der Senkrechten. Problematisch finde ich jedoch, dass man von einzelnen Trainern, aber vor allem auch von einer Vielzahl der Richter nur ein „Der-ist-zu-eng" zu hören (zu lesen) bekommt. Also nur ein Hinweis auf das Resultat, jedoch keinen auf die Ursache. Das führt bei sehr vielen Reitern logischerweise dazu, die Beurteilung von vorne nach hinten zu beginnen und dementsprechend auch von vorne nach hinten zu reiten. „Erst mal Nase vor" – da das aufgrund des nicht durchkommenden Energieflusses gar nicht reell möglich ist, wird das „gewünschte Resultat" schnell über die Hand (anheben) gemacht – und schon reitet man unweigerlich von vorne nach hinten, anstatt sich der Blockade und deren Ursache im Rücken zu widmen.

Dressurprotokolle, in denen „zu eng" steht, sind wie Arztdiagnosen, in denen „Patient hat Kopfschmerzen" steht.

Dressurprotokolle, in denen „zu eng" steht, sind wie Arztdiagnosen, in denen „Patient hat Kopfschmerzen" steht. Das hilft dem Patienten ähnlich weiter, wie dem Reiter – nämlich gar nicht. Klar ist eine Stirnlinie hinter der Senkrechten auch einfacher zu erkennen (könnte ich sogar einen absoluten Nichtreiter beurteilen lassen), als die möglichen Ursachen. Trainer, aber vor allem auch Richter, müssten sich der Verantwortung (gegenüber Reiter UND Pferd) deutlich bewusster sein und entsprechend überlegtere Kommentare hinterlassen. Zum Beispiel „Der Reiter sollte den Ablauf von hinten nach vorne mehr zulassen, um ein An-das-Gebiss-Herantreten zu ermöglichen", würde das Von-hinten-nach-vorne-Denken und somit auch Trainieren massiv beeinflussen und verbessern. Durch meinen Youtube-Kanal und die Anfragen bezüglich Analysen fällt mir immer deutlicher auf, wie flächendeckend das Von-vorne-nach-hinten-Denken und somit Reiten verbreitet ist. Mit die häufigste Frage lautet: „Wie kann ich mein Pferd durchs Genick oder an den Zügel reiten?" Meine Antwort, dass ich eigentlich kein Pferd durchs Genick reite, führt nicht immer direkt zu Verständnis. Mein absoluter Fokus liegt jedoch tatsächlich auf dem Pferderumpf und nicht auf dem Hals. Mein Ziel ist es, all die Attribute wie fein, leicht, locker, sensibel usw., die viel zu oft auf das Vorderpferd (Hals/Maul) bezogen werden, als Anspruch an den Pferdekörper zu stellen. Denn wenn der Pferdekörper sensibel, fein und locker ist und sich das Pferd eben von hinten nach vorne entwickelt, werden diese Punkte automatisch auch beim Vorderpferd ankommen (angemessene Anlehnung – Pferd geht selbstständig durchs Genick). Andersherum bedeutet das jedoch auch, wenn der Körper fest und unsensibel ist, wird das Vorderpferd (Hals/Maul) sicherlich nicht elastisch bleiben.

Meinen Schülern sage ich immer: „Geritten wird der Pferdekörper – nicht der Hals." Somit reitet man praktisch ein Pferd gar nicht durchs Genick, sondern das richtige Training des Pferdekörpers im Zusammenhang mit der passenden Rahmenvorgabe führt dazu, dass das Pferd von selbst am Zügel läuft.

Vorwärts-abwärts-Reiten

Kaum eine andere, grundsätzlich positiv gedachte Vorgabe wird so oft falsch und somit negativ umgesetzt bzw. verstanden wie das „Vorwärts-abwärts-Reiten“.

Das Problem dabei ist, dass mit „vorwärts-abwärts“ nur die Ausführung des Pferdes beschreibt. In einfachen Worten erklärt, soll der Pferdekörper von hinten nach vorne (also vorwärts) arbeiten und der Hals des Pferdes sich in die Länge und abwärts dehnen.

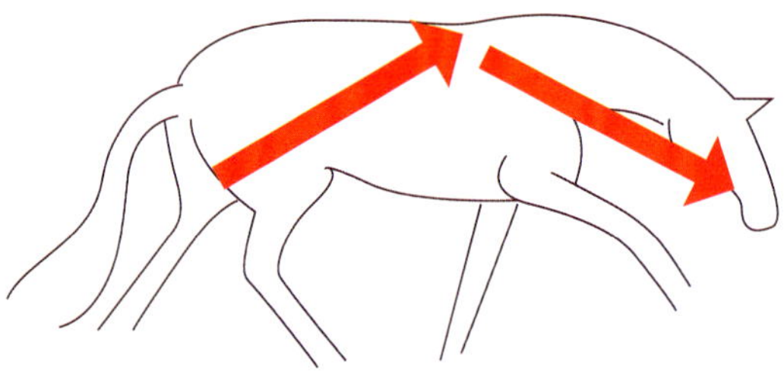

Die Aufgabe des Reiters bezieht sich jedoch dabei ausschließlich auf das Reiten des Pferdekörpers, da das Pferd den Hals bekanntlich selbstständig fallen lassen muss. Somit ist ein „Fallenlassen“ nichts, was man als Reiter aktiv machen kann. Der Fehler liegt bereits in der Idee, vorwärts-abwärts reiten zu wollen. Geritten wird ausschließlich der Pferdekörper, und zwar von hinten nach vorne nach oben und eben auf gar keinen Fall abwärts. Das Abwärts („Fallenlassen“) wird alleine vom Hals/Pferd ausgeführt, welches sich durch die feine Zügelverbindung dehnt. Oft zu beobachten sind jedoch Reiter, die ihre Pferde in die Tiefe (abwärts) reiten wollen und somit durch ein Nach-unten-Einwirken (zum Beispiel ein Nach-unten-Parieren/Ziehen) unweigerlich den Körper des Pferdes abwärts reiten. Fordert man den Körper (wenn auch unbewusst) in ein Abwärts, wird das Pferd entweder den Hals anheben, um sich wieder auszubalancieren (dadurch den Rücken wegdrücken/verspannen),

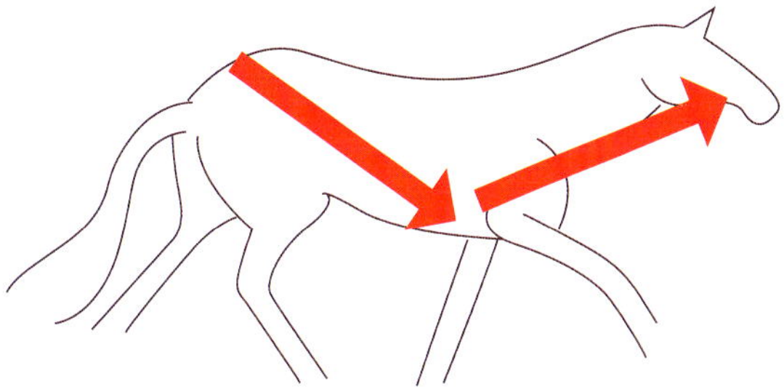

oder das Pferd wird den Hals ebenfalls nach unten drücken und aufgrund des Balanceverlustes auf der Vorhand laufen. Oft beginnen die Pferde, sich dann am Gebiss abzustützen.

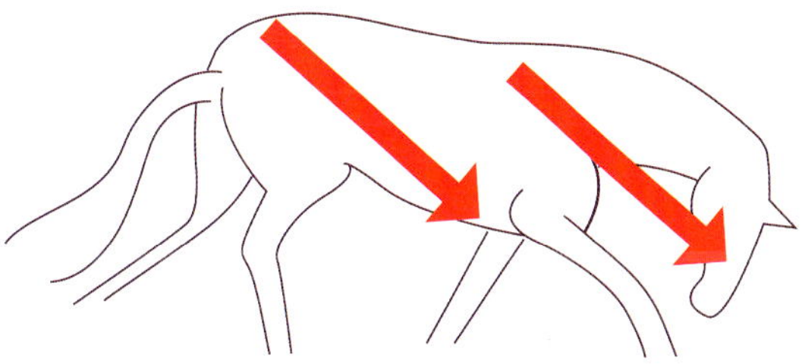

Zusammengefasst muss man sagen, dass ein Vorwärts-abwärts-Reiten in der gesagten Form genauso falsch ist wie der Versuch, ein Pferd durchs Genick zu reiten.

Nur wenn man den Pferdekörper immer von hinten nach vorne nach oben reitet, hat man die Chance, dass das Pferd seinen Körper so gut trägt und ausbalanciert, dass es den Hals selbstständig und konstant fallen lassen kann.

Nochmals: Die Idee des Vorwärts-Abwärts ist sicherlich richtig und gut, jedoch finde ich die Wortwahl unglücklich oder zumindest, ohne genaue Erklärung, unpassend gewählt.

Beispiel: Wenn das Pferd den Hals nach oben drückt, fühlt sich dies für den Reiter natürlich alles andere als gut an. Diese Halshaltung ergibt eine nicht besonders ansprechende Silhouette, welche noch dazu für jeden Außenstehenden klar zu erkennen ist. In dieser Situation ist es vor allem für Amateure nicht leicht, da sie dem eigenen Wunsch als auch der nicht zu unterschätzenden erhofften Außenwirkung „der Hals muss doch nach unten" gerecht werden wollen. Wie bereits erwähnt, würde jeder Versuch, den Kopf/Hals nach unten zu manipulieren, langfristig nur dazu führen, dass der Pferdekörper bergab geritten wird und das erwünschte Resultat in weite Ferne rückt.

Darum gilt: Die vorläufige Halshaltung darf keinen Einfluss auf das richtige Reiten des Pferdekörpers haben. Natürlich ist das leichter gesagt als getan, da wirklich jeder sieht, ob der Hals oben ist oder nicht, aber kaum erkannt wird, ob der Pferdekörper ausbalanciert von hinten nach vorne arbeitet oder nicht.

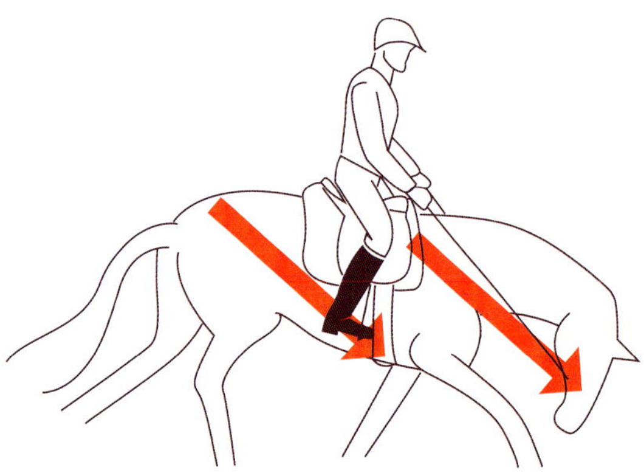

Hier gilt es wirklich, sich einerseits von der Optik und andererseits von einer gewünschten Außendarstellung zu distanzieren um konsequent und geduldig den Pferdekörper in die Balance zu bringen. Jedes Pferd, welches sich konstant von hinten nach vorne nach oben bewegt, wird früher oder später auch den Hals fallen lassen und sich in der gesamten Oberlinie strecken und dehnen. Dann – und nur dann – darf man von einem vorwärts-abwärts gehenden Pferd sprechen. Ich rate daher aus den genannten Gründen davon ab, vorwärts-abwärts reiten zu wollen. Die Gefahr, dass am Ende der Pferdekörper abwärts geritten wird, ist deutlich zu hoch.

> Geritten wird der Körper des Pferdes. Das „Fallenlassen" des Halses ist Aufgabe des Pferdes.

Geritten wird der Körper des Pferdes, und zwar von hinten nach vorne nach OBEN. Das „Fallenlassen" des Halses ist Aufgabe des Pferdes und wird durch den Reiter zugelassen.

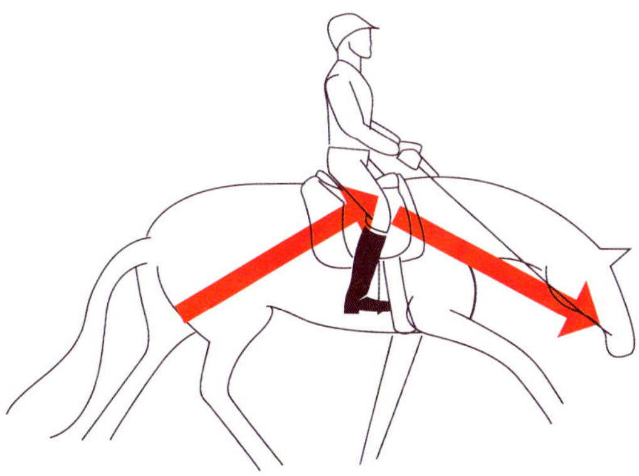

Das MF-2-Punkte-System

(Zusammenspiel der Hilfen)

Das 2-Punkte-System ist eine klare und für jeden Reiter einfach zu verstehende Methode, das Zusammenspiel der Hilfen zu erkennen und einzusetzen. Über das Zusammenspiel der Hilfen kann der Reiter dem Pferd das kontrollierte Zusammenspiel von Hinterhand (Motor) und Brustbein beibringen.

Wie schon angesprochen, reitet man den Pferdekörper und nicht den Hals des Pferdes. Um das Kernstück des Pferdekörpers, den Pferderücken zu erreichen, wird gleichermaßen der vorderste wie der hinterste „Punkt" des Körpers benötigt. Im Falle des Pferdes ist das „Hinten" die Hinterhand (Motor) und das „Vorne" das Brustbein (**nicht** das Pferdemaul, da der Hals des Pferdes unabhängig vom Körper ist).

Hat der Reiter und ebenfalls das Pferd selbst Kontrolle über diese beiden Punkte, lässt sich vom Rücken des Pferdes jegliche Position und Ausrichtung fordern. Den beiden wesentlichen Punkten des Pferdekörpers (Motor und Brustbein) kann der Reiter drei unterschiedliche Aufgaben stellen.

Position | Tempo | Ausrichtung

Durch die Beeinflussung der *Position* von Motor und Brustbein lassen sich Geraderichtung und Seitwärtsverschiebungen einfordern.

*Beispiel **Geraderichtung:***

„Motor" und Brustbein sind parallel auf gerader Linie.

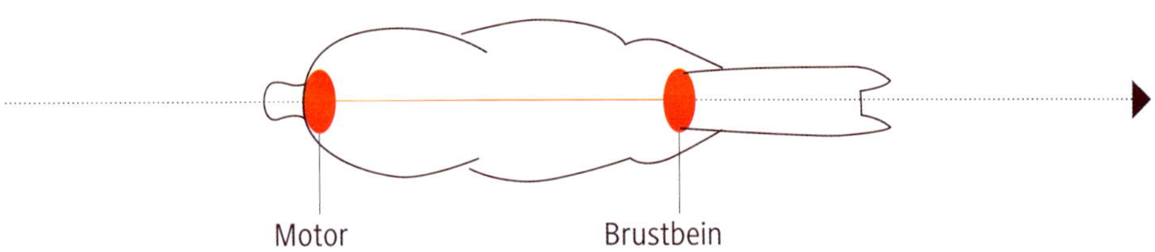

Die voneinander unabhängige ***Tempo***kontrolle von Motor (Nachtreiben) und Brustbein (Zulassen/Begrenzen) ermöglicht Veränderungen auf zwei Ebenen.

Ebene 1 (Bewegung „außerhalb" des Körpers): Motor als auch Brustbein bleiben in derselben Geschwindigkeit (aufeinander abgestimmtes, gleichmäßiges Nachtreiben [Motor] sowie Zulassen/Begrenzen [Brustbein]). Dadurch fordert man ein Zulegen oder Abfangen des Pferdes ohne eine Veränderung der Rückenlänge. Vereinfacht dargestellt: Motor 30 km/h – Brustbein ebenfalls 30 km/h. Somit bleibt der Abstand der beiden Punkte gleich.

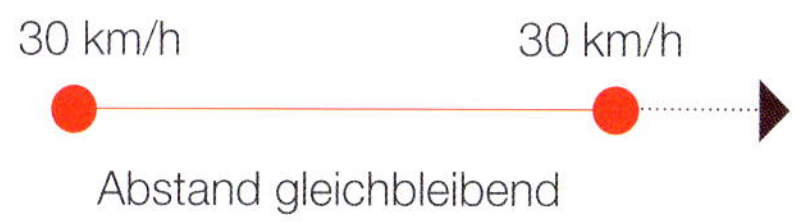

Ebene 2 (Bewegung „innerhalb" des Körpers): Durch unterschiedliche Beeinflussung der Laufgeschwindigkeit von Motor und Brustbein fordert man eine Veränderung im Pferdekörper (Rückenmuskulatur/Wirbelsäule). Dadurch lässt sich ein vom Tempo unabhängiges Verkürzen als auch Dehnen des Pferdes fordern. Vereinfacht dargestellt: Motor 35 km/h – Brustbein 30 km/h. Die beiden Punkte nähern sich sukzessive an.

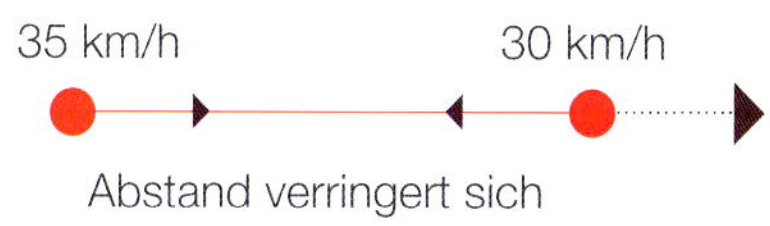

Wichtig: Sobald die gewünschte Verkürzung stattgefunden hat, muss das Tempo beider Punkte wieder gleichgesetzt werden.

Beispiel ***Oberlinie verkürzen und verlängern:*** *Motor und Brustbein sind unterschiedlich weit auseinander. Das Dehnen und Verkürzen der Oberlinie kann durch ein angemessenes Zügelmaß (z. B. strecken lassen) verdeutlicht werden.*

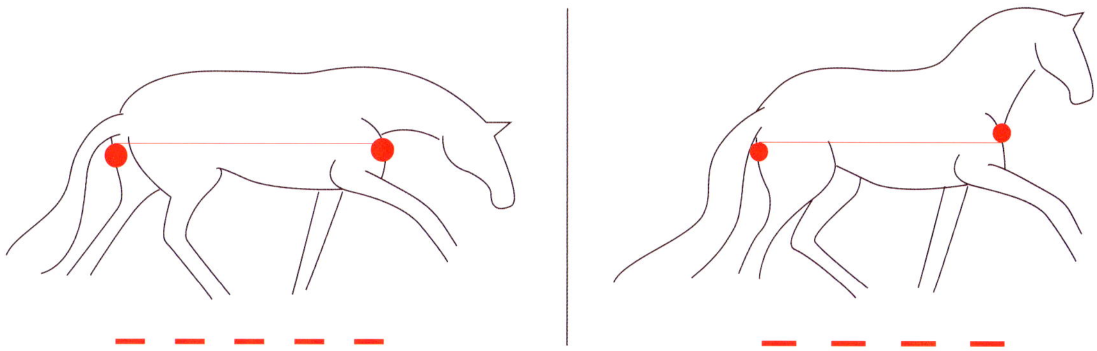

langer Abstand

kurzer Abstand

Ist der Reiter in der Lage, die ***Ausrichtung*** von Brustbein und Motor des Pferdes zu beeinflussen, lässt sich vor allem die Längsbiegung kontrollieren/steuern.

> *Beispiel* ***Längsbiegung:*** *„Motor" und Brustbein richten sich passend zu der geforderten Längsbiegung aus.*

Das Zusammenspiel der Hilfen beinhaltet auch beim Reiter zwei wesentliche Punkte, und zwar Brustbein und Rücken. Bei Notwendigkeit kann der Rücken durch die Wade und das Brustbein durch die Hand des Reiters unterstützt werden. Rücken und Wade stehen ständig in Verbindung mit der Hinterhand (Motor). Brustbein und Hand des Reiters stellen die Verbindung zum Brustbein des Pferdes. Umso besser die Kommunikation von Rücken zu Motor als auch von Brustbein zu Brustbein ist, desto eher lässt sich das Pferd nahezu ausschließlich über den Sitz reiten.

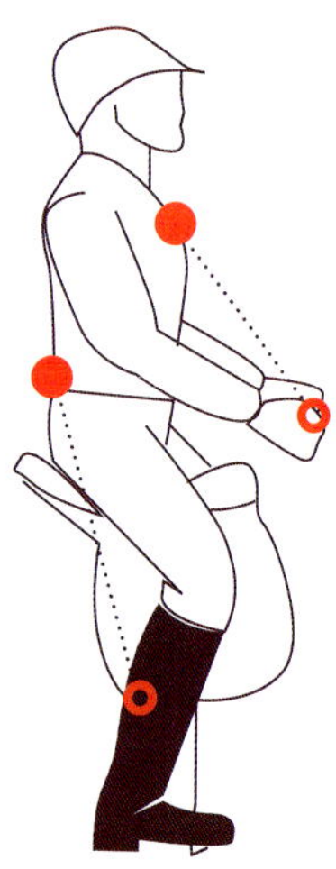

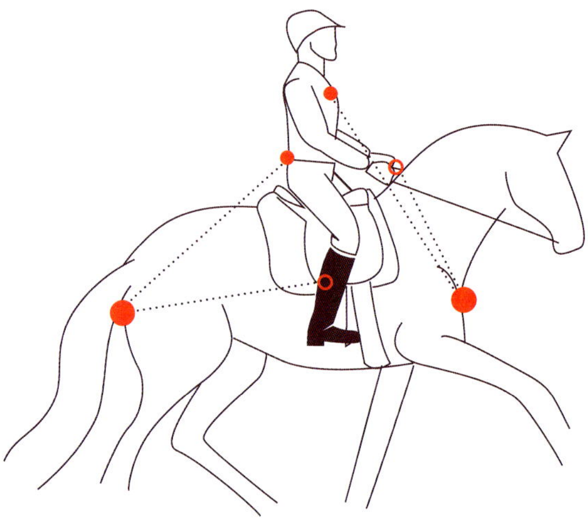

Das Zusammenspiel der Hilfen ermöglicht es dem Reiter, gleichzeitig Motor und Brustbein des Pferdes zu erreichen. Über die verschiedensten Kombinationsmöglichkeiten von ***Position***, ***Tempo*** und ***Ausrichtung***, kann jede beliebige Bewegungsaufgabe (im Rahmen der körperlichen Möglichkeiten des jeweiligen Pferdes) gefordert und trainiert werden. Eine Traversale benötigt beispielsweise die Kontrolle beider Punkte (Motor und Brustbein), und zwar in allen drei Beeinflussungsmöglichkeiten. **Ausrichtung** für die geforderte Längsbiegung, **Tempowahl** der einzelnen Punkte für die notwendige Kompaktheit und Aufrichtung des Pferdekörpers sowie Einfluss auf die **Position** beider Punkte für die gleichmäßige seitliche Verschiebung.

Gerade das Zusammenspiel der Hilfen zeigt sehr deutlich, warum man von seinem Pferd nichts fordern sollte, was man nicht auch selbst leisten kann. Ist zum Beispiel beim Reiter das Brustbein nach unten gekippt und dadurch der Rücken „offen", ist es nicht verwunderlich, wenn diese beiden Fehler sich auch beim Pferd widerspiegeln.

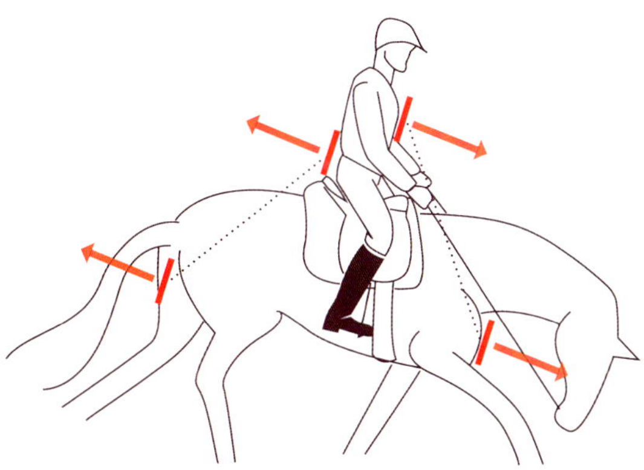

falsch

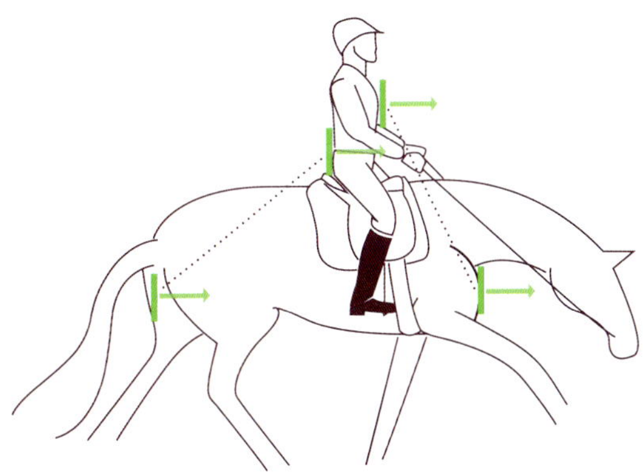

richtig

Vor allem im Dressursport bekannte, aber für viele Amateure recht schwer nachzuvollziehende Sätze, wie zum Beispiel „Das Pferd sollte sich am Sitz des Reiters aufrichten“, „Der Reiter sollte sein Pferd über den Sitz schließen können“ oder „Das Pferd sollte immer zwischen den Hilfen des Reiters sein“, werden durch das genannte 2-Punkte-System deutlich einfacher zu verstehen.

Die Möglichkeit, ausschließlich über den Sitz reiten zu können, erfordert eine konsequente und gefühlvolle Ausbildung von Pferd und Reiter.

Die Möglichkeit, nahezu ausschließlich über den Sitz reiten zu können, erfordert eine konsequente und gefühlvolle Ausbildung von Pferd und Reiter. Das Zusammenspiel der Hilfen verlangt einerseits Wissen über biomechanische Gegebenheiten (z. B. die passende Ausrichtung von Kruppe und Brustbein für eine Linksbiegung), andererseits auch ein hohes Maß an Körperkontrolle, um zu jeder Zeit – den beiden Punkten Hinterhand (Motor) und Brustbein – angemessene Vorgaben geben zu können.

Das 2-Punkte-System zeigt, dass der Reiter von Anfang an lernen sollte, über den Sitz (Rücken und Brustbein) zu reiten. Wenn der Rücken und/oder das Brustbein des Reiters bereits fehlerhaft ausgerichtet sind, können die Zusatzhilfsmittel Schenkel und Hand kaum noch effektiv und sinnvoll einwirken. Nicht selten sieht man Reiter, die versuchen, ihr Pferd über Bein und Hand zu schließen, dabei jedoch im Rücken „offen“ und im Brustbein nach vorne gekippt sind. In diesem Fall machen Brustbein und Hand des Reiters vorne zu und der Rücken hinten auf. Genau das kommt dann auch beim Pferd an – nämlich vorne zu und hinten auf. Selbst wenn der Reiter zusätzlich mehr Bein gibt, treibt er sein Pferd genau genommen sogar nach hinten raus.

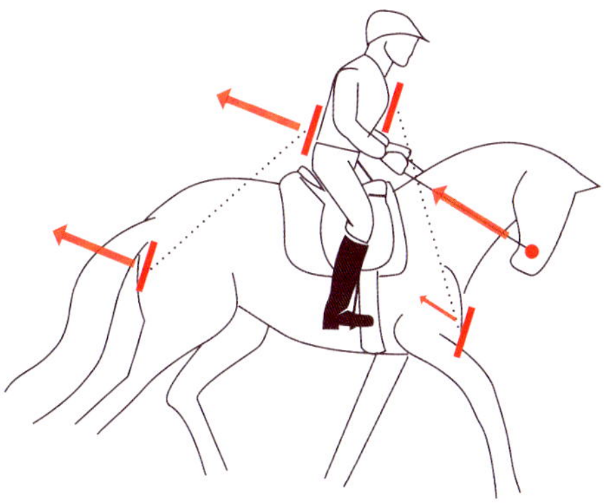

falsch

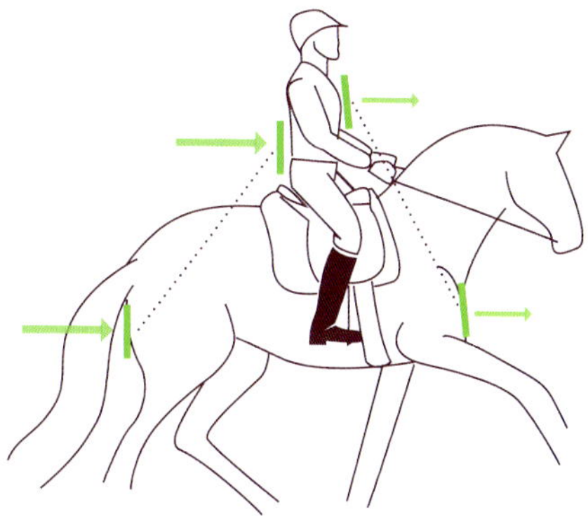

richtig

Auch die erwünschte Gleichmäßigkeit beim Reiten wird nicht durch ein ständiges Im-selben-Tempo-Reiten erreicht, sondern nur dann, wenn beim Pferd der Motor und das Brustbein gut aufeinander abgestimmt zusammenarbeiten. Aufgrund dessen ist es überhaupt erst möglich, zum Beispiel in einem Parcours trotz der vielen Tempo- und Richtungsveränderungen eine gleichmäßige Runde hinzubekommen. Das Gleichmaß wird durch das Zusammenspiel von Motor und Brustbein bestimmt. Dadurch kann ein Pferd im eigenen Körper und somit in sich gleichmäßig bleiben.

Das 2-Punkte-System hilft nicht nur bei der Kommunikation mit dem Pferd, sondern auch bei der sachlichen Beurteilung und Einschätzung des Pferdekörpers. Über die Position, das Tempo und die Ausrichtung der beiden entscheidenden Punkte kann man nämlich nicht nur die verschiedensten Aufgaben fordern, sondern eben auch das Pferd und dessen Körper „lesen" und dadurch sehr sachlich beurteilen. Wenn beispielsweise ein Pferd in einer Ecke „guckig" ist und dadurch Spur und Tempo verändert, fällt es dem Reiter oft schwer, die entscheidenden Gründe für das Ausweichen zu erkennen. Die vermeintlich gefährliche Ecke und das „Guckigsein" ist nur der Auslöser für die Spur- und/oder Tempoveränderungen. Der eigentliche Grund für den ungewollten Richtungswechsel liegt meist im Pferdekörper selbst.

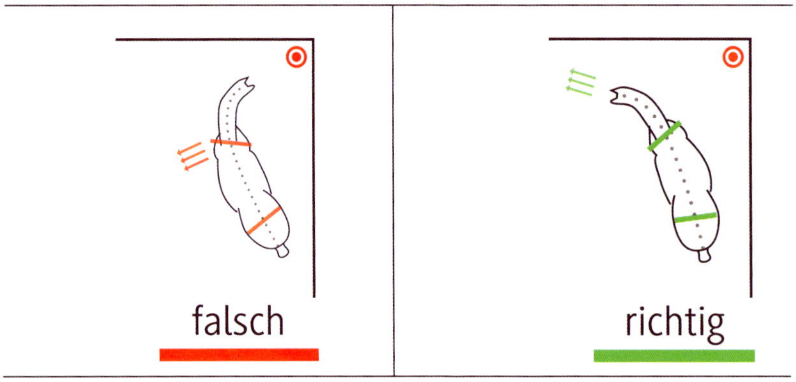

Beispiel: Wenn das Pferd in der besagten Ecke nach außen guckt, dreht es sich meist gleichzeitig auch mit dem Brustbein dorthin. Dies führt zwangsläufig zu einem Über-die-innere-Schulter-nach innen-Kippen. Das bedeutet: Korrigiert wird nicht das Gucken (wie denn auch – man kann dem Pferd während des Reitens ja nicht die Augen zuhalten), sondern die Ausrichtungsveränderung von Brustbein und/oder Motor.

Mein MF-2-Punkte-System zeigt deutlich, dass das Zusammenspiel der Hilfen nicht nur für die Topprofis, sondern tatsächlich für jeden Reiter (auch Amateur) geeignet und umsetzbar ist. Die Kommunikation auf zwei wesentliche Punkte – bei Pferd und Reiter – zu begrenzen, gibt jedem Reiter die Chance, das Zusammenspiel der Hilfen von Anfang an zu erlernen. Anspruchsvolle Lektionen erfordern natürlich ein hohes Maß an Körperkontrolle und Koordination, aber auch das korrekte Reiten von beispielsweise einem einfachen Zirkel kann und sollte über das Zusammenspiel der Hilfen erfolgen.

Beispiel: Für eine Galopptraversale muss der Reiter in der Lage sein, sowohl „Motor" als auch Brustbein in allen drei Bereichen (Position / Tempo / Ausrichtung) bewusst anzusprechen. Das Pferd selbst muss bereits so sportlich und elastisch sein, dass dessen Körper (vor allem Rücken) mit den verschiedenen, an „Motor" und Brustbein gestellten Aufgaben zurechtkommt. Ein einfaches Ganze-Bahn-Reiten kann und sollte ebenfalls durch die Beeinflussung der beiden Punkte (Motor und Brustbein) gefordert werden. In diesem Fall würde das bedeuten; Der Reiter fordert die beiden Punkte von der Position her hintereinander, vom Tempo gleichgestellt und von der Ausrichtung parallel zueinander. Gelingt dies, hat man über das Zusammenspiel der Hilfen den Pferdekörper so ausgerichtet, dass dieser eindeutig und selbstständig geradeaus läuft.

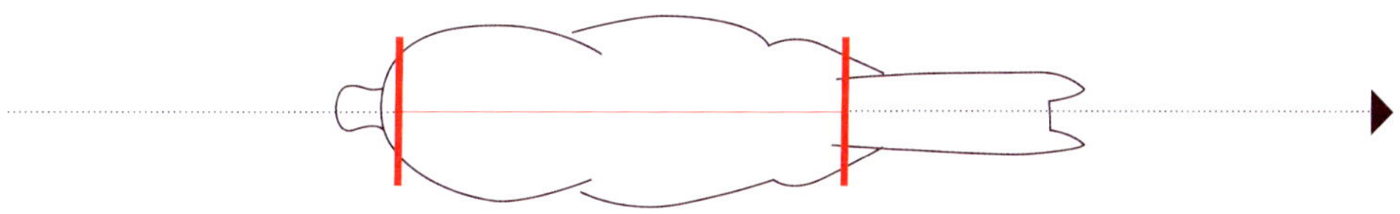

Wenn mithilfe des 2-Punkte-Systems von Anfang an das Zusammenspiel der Hilfen verstanden und somit auch trainiert werden kann, ist der darauf folgende Aufbau in Richtung komplexere Zusammenhänge einfacher oder sogar überhaupt erst möglich. Das Zusammenspiel der Hilfen über das 2-Punkte-System kann und sollte somit von Anfang an gelehrt und eingesetzt werden.

Flatwork

Das richtige Training für Pferde sollte nicht nur Turnierreiter, sondern tatsächlich jeden Pferdebesitzer interessieren und beschäftigen. Wir müssen uns bewusst sein, dass jedes Pferd, das einen Reiter tragen soll, ein Mindestmaß an Fitness haben muss, um selbst keinen körperlichen Schaden zu nehmen. Reiter sollten – oder besser müssen – sich der Verantwortung, die sie gegenüber dem Lebewesen Pferd haben, zu jeder Zeit bewusst sein. Im Vorwort habe ich bereits meine Einschätzung – wie sich der Reitsport im Wandel der Zeit entwickelt – beschrieben. Reiten ist aus meiner Sicht nur dann dauerhaft vertretbar, wenn das Pferd alle psychischen wie physischen Grundvoraussetzungen hat oder beigebracht bekommt, um selbst keinerlei Schäden davonzutragen. Natürlich gibt es zahlreiche Disziplinen und somit auch Methoden, Pferde zu trainieren. Ich beschäftige mich hauptsächlich mit dem Spring- und Dressursport, obwohl ich mir auch gern Methoden und Ideen aus anderen Disziplinen anschaue und zunutze mache.
Gerade im Amateursport tun sich recht viele Reiter schwer, sich ein klares Bild vom passenden Training ihres Pferdes zu machen. Ein nicht zu unterschätzender Grund sind die oft recht strikten Vorgaben und Regeln vom Spring- als auch Dressurreiten. In den Köpfen der meisten Amateurreiter sind diese deutlich verankert. Es ist doch so: An den Tagen, an denen Dressur geritten wird, werden die Bügel lang gestellt, der Sitz hat gestreckt und korrekt zu sein und es geht um alle möglichen Lektionen, wie zum Beispiel Außengalopp, Traversalen, Schenkelweichen usw. In den Köpfen der Reiter sind die Lektionen und damit verbundenen Silhouetten (wie aus Lehrbüchern bekannt) von Pferd und Reiter klar vorgegeben und müssen vermeintlich genauestens eingehalten werden. Ähnlich verfestigt sind die Gedanken und Vorstellungen, wenn Springstunden auf dem Plan stehen. Hauptsache mit frischem Galopp und im leichten Sitz über die verschiedenen Hindernisse. „Fehlerfrei" oder zumindest „ohne Steher" ist das ausgerufene Ziel.

Diese verfestigten Ziele vom Spring- oder Dressurreiten gehören aus meiner Sicht zu den Hauptgründen, warum das Training vieler Amateurpferde nicht optimal verläuft. Denn wenn es den Reitern und Trainern nur um das Erreichen von Dressurlektionen oder fehlerfreien Sprüngen geht: Wem geht es denn dann ums Pferd und dessen körperliche und mentale Fitness?

> **Ich glaube, das Training für Pferde wird erst dann angemessen und sinnvoll, wenn es einem nicht mehr um Lektionen oder Ergebnisse, sondern um die tatsächliche Sportlichkeit des Pferdes geht.**

Ich glaube, das Training für Pferde wird erst dann angemessen und sinnvoll, wenn es einem nicht mehr um Lektionen oder Ergebnisse, sondern um die tatsächliche Sportlichkeit des Pferdes geht. Es ist auch aus anderen Sportarten bekannt, dass, wenn Sportler während der Ausführung ihrer Tätigkeit bereits an das Ergebnis, anstatt an die Ausführung denken, das gewünschte Resultat meist misslingt. Denken Reiter an das Resultat (ausdrucksstarker Wechsel, fehlerfreier Sprung) statt an ihren Aufgabenbereich, wird ihnen die notwendige Aufmerksamkeit und Flexibilität fehlen, dem Pferd die angemessenen Vorgaben zu erteilen. Wie in nahezu jeder Sportart sind gute Resultate nur das Ergebnis von gutem Training.

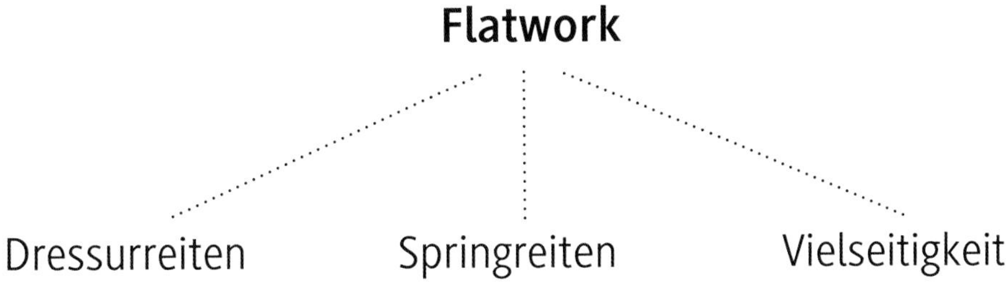

Beim Training meiner Pferde reite ich größtenteils weder Dressur noch Springen! Aber was dann? Schlussendlich stellt sich doch immer die Frage: „Reiten wir heute Dressur oder Springen?“ Für mich ist Springreiten sowie Dressurreiten bereits eine ziemlich spezifische sportliche Ausrichtung. Also was fordere ich von meinen Pferden, wenn ich weder Dressur noch Springen reite? Ich würde es wahrscheinlich „basismäßiges Fitnesstraining“ nennen – aber hier ist bereits das erste Problem. Im deutschen Sprachgebrauch gibt es keinen angemessenen Begriff für Basistraining – zumindest keinen, der in der Praxis auch tatsächlich genutzt wird. Keiner sagt: „Heute reiten wir mal Basis oder Gymnastik.“ Anders ist das im Englischen. Dort differenziert man tatsächlich auch umgangssprachlich in „Dressage Riding“ (Dressurreiten) „Jumping“ (Springreiten) und in „Flatwork“. Flatwork ist das basismäßige Trainieren jedes Pferdes. Hier geht es weder um Lektionen noch um Parcours reiten, sondern um ein allgemeines Fitnesstraining für das Pferd.
Dieses Fitnesstraining beinhaltet alle Arten von Bewegungsaufgaben sowie grundsätzliches Gymnastizieren des Pferdes. Einer der großen Vorteile liegt tatsächlich darin, nicht an ein paar wenige Lektionen gebunden zu sein, vielmehr das Pferd durch verschiedenste Bewegungsaufgaben mit und an seiner Muskulatur arbeiten zu lassen. Lektionen wie zum Beispiel ein Schulterherein ist in seiner äußeren Form klar definiert. Wie viel Längsbiegung, wie viel Stellung, von vorne darf man nur drei Beine sehen usw. Ziel sollte es aber niemals sein, dass das Pferd eine Lektion korrekt ausführt, jedoch dass es seinen Körper so trainiert und ausbildet, um jede x-beliebige Aufgabe mühelos ausführen zu können. Ab und zu bekomme ich auch Dinge zu hören wie: „Das ist jetzt aber kein korrektes Schulterherein.“ Meine Antwort lautet dann meist: „Absolut richtig! Ich habe auch nur eine namenlose Bewegungsaufgabe gefordert, die optisch vielleicht Schulterherein ähnelt, jedoch rein zur Verbesserung der Muskulatur gedacht ist.“ Es ist bekannt, dass in der Prüfungslektion Schulterherein von vorne drei Beine zu sehen sein sollen (durch die Seitwärtsbewegung verdeckt ein Vorderbein das diagonale Hinterbein), aus meiner Sicht ist es jedoch sehr wichtig, dass das Pferd auch in der Lage

ist, deutlicher seitwärts zu treten, sodass auch mal vier Beine zu sehen sind. Fordere ich immer nur die prüfungstaugliche Lektion, geht es sehr schnell nicht mehr um flexible, lockere Muskulatur, dagegen nur noch um das Ausführen einer optischen Vorgabe.

> **Der ursprüngliche Zweck einer Dressuraufgabe mit seinen Lektionen lag darin, zu überprüfen, wie beweglich, elastisch, kraftvoll, geschickt und gehorsam die Pferde sind.**

Der ursprüngliche Zweck einer Dressuraufgabe mit seinen Lektionen lag darin, zu überprüfen, wie beweglich, elastisch, kraftvoll, geschickt und gehorsam die Pferde sind. Heute ist oft zu beobachten, dass es Reitern ebenso wie Trainern nur noch um das optische Erreichen der Lektionen geht und nicht mehr um die eigentlich notwendigen körperlichen Voraussetzungen, um diese Lektionen korrekt und locker erfüllen zu können. Lektionen sind da, um den Pferdekörper fit zu machen – Lektionen sind nicht dafür da, um die Lektion an sich zu überprüfen! Wann ist denn eigentlich eine Lektion gut ausgeführt? Genau genommen erst dann, wenn das Pferd die Kriterien, welche die Lektion abfragt, gut kann und ausführt. Beispielsweise wird eine Volte gefordert, um zu kontrollieren, wie gut die Längsbiegung, Lastaufnahme, Flexibilität und Koordination des Pferdes ist. Somit kann die Volte nur dann als gut gelungen gesehen werden, wenn das Pferd auch tatsächlich die notwendigen Kriterien erfüllt und nicht einfach irgendwie einen Acht-Meter-Kreis läuft. Reiter, Trainer und zu guter Letzt auch Richter sollten also immer daran denken, dass Lektionen dafür da sind, das Pferd zu überprüfen (oder zu schulen) und nicht, um irgendwelche optische Figuren nachzustellen. Ein ausschließliches Nachreiten von Lektionen reduziert noch dazu mögliche Bewegungsaufgaben des Pferdes auf ein Minimum. Geht es jedoch tatsächlich um Beweglichkeit und Flexibilität des Pferdes und dessen Muskulatur, sind die Möglichkeiten der Aufgaben nahezu grenzenlos. Das führt nicht nur zu einem körperlich deutlich flexibleren, sondern durch die größere Abwechslung auch zu einem deutlich aufmerksameren und motivierteren Pferd. Das Pferd soll nicht nur stumpf irgendwelche Lektionen abspulen, sondern aufmerksam den Vorgaben des Reiters folgen.

Die korrekte Reihenfolge ist: erst entscheiden, was oder welche Muskulatur ich mein Pferd trainieren lassen möchte, um dann die jeweiligen Aufgaben/Lektionen, hinsichtlich Training oder Überprüfung der gewünschten Verbesserung (z. B. Beweglichkeit), auszuwählen.

Erst wenn ich im Vorfeld weiß, was ich mein Pferd und dessen Körper eigentlich trainieren lassen möchte, werde ich einerseits die richtigen Aufgaben auswählen und andererseits diese auch angemessen fordern. Beispielsweise lässt sich eine Volte zu mehreren Zwecken nutzen: als lösende Aufgabe für mehr Lockerheit und Elastizität, als kraftaufbauende Lektion für Hinterhand und Rücken, als reine Koordinations- oder Reaktionsaufgabe für mehr Aufmerksamkeit – selbiges gilt auch für Sprünge oder andere Aufgaben/Lektionen. Ohne im Vorfeld zu wissen, was ich mein Pferd überhaupt trainieren lassen möchte, verlieren all diese Lektionen und somit das gesamte Training spürbar an Effektivität und Sinnhaftigkeit. Es gilt sich immer zu hinterfragen: „Was will ich mein Pferd trainieren lassen und welche Aufgaben kann ich wie dafür einsetzen?"

Keine Lektionen um der Lektionen willen reiten. Der Schwierigkeitsgrad einer Aufgabe lässt sich meiner Meinung nach größtenteils von der Grundqualität (bedingt beeinflussbar) und körperlichen Fitness des Pferdes ausgehend bewerten. Für einen unsportlichen Menschen ist beispielsweise ein Zehn-Kilometer-Lauf nahezu unmöglich. Selbige Aufgabe ist aus der Sicht eines gut trainierten Läufers fast banal. Somit ist klar, dass der Anspruch der jeweiligen Aufgabe nur aus der Sicht des jeweiligen Sportlers zu bewerten ist. Umso sportlicher und fitter das Pferd ist, desto einfacher werden vermeintlich schwere Aufgaben. Dafür bedarf es meist einer Fokusverschiebung von der Lektion (egal ob Dressuraufgaben oder Sprünge) aufs Pferd, denn ob die jeweilige Aufgabe einfach oder schwer ist, liegt nicht zwingend an der Lektion selbst, sondern an den sportlichen Möglichkeiten des Pferdes.

Ob eine Fünfzig-Kilogramm-Hantel schwer ist oder nicht, hängt davon ab, wer sie zu heben versucht.

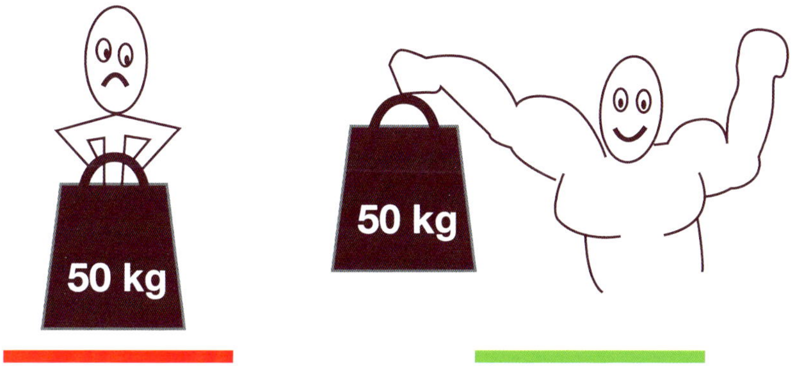

Nicht umsonst sehen zum Beispiel Dressurprüfungen einer Charlotte Dujardin (Valegro) oder ein Parcoursritt eines Marcus Ehning (Comme il faut) leicht und unaufwendig aus – weil sie es für diese Paare tatsächlich auch geworden sind. Trainiert wird das Pferd, nicht die Lektion.

Erst wenn ich meinen Körper sowie das Pferd seinen Körper beliebig einsetzen kann, reicht feinste Kommunikation (unsichtbare Hilfen) aus, um alle geforderten Aufgaben spielerisch zu erfüllen. Bei der basismäßigen Gymnastizierung (Flatwork) können auch kleine Sprünge eingebaut werden. Auch hier geht es nicht darum den Sprung einfach nur fehlerfrei zu überwinden, sondern darum, den Sprung als eine Art zusätzliches Trainingsgerät (Bewegungsaufgabe) für den Pferdekörper und dessen Muskulatur zu nutzen. Auch hier möchte ich eine Trainer/Sportler-Situation, nämlich das Erlernen eines Handstandes als Beispiel nutzen. Bevor ich von meinem Schüler einen Handstand fordere, überprüfe ich, ob er überhaupt die notwendigen körperlichen Möglichkeiten (Körperkontrolle, Körperspannung, Balance usw.) dazu hat. Ist das noch nicht der Fall, darf ich noch keinen Handstand fordern, sondern muss vorerst die notwendigen Grundvoraussetzungen durch allgemeines Fitnesstraining herstellen.

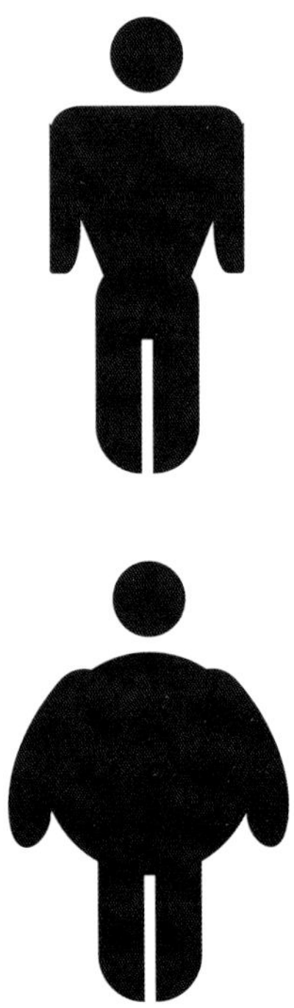

Man sagt, dass jedes sportliche Pferd in der Lage sein sollte, eine A/L-Dressur und ein A/L-Springen zu bewältigen. Dem kann ich nur zustimmen, weil diese Ansprüche (je nach Grundqualität und Zuchtrichtung des Pferdes) noch zur Basisarbeit (Flatwork) und noch nicht zu den spezifischen Disziplinen zu zählen sind. Das bedeutet auch, dass sich die meisten Amateurreiter nicht oder kaum aus dem Bereich Flatwork herausbewegen müssen, um ihren Pferden das optimale Training bieten zu können. Tatsächlich ist es so, dass selbst das Training für meine Springpferde in den schweren Klassen zu 70 bis 80 % aus Flatwork und nur zu 20 bis 30 % aus spezifischem Spring- und Parcourstraining besteht. Beim Menschen ist das nicht viel anders. Grundsportliche Menschen (beweglich, elastisch, kraftvoll …) können verschiedene Sportarten bis zu einem gewissen Niveau betreiben, auch ohne diese ständig zu trainieren. Das bedeutet im Umkehrschluss, dass unsportliche Menschen (unbeweglich, reaktionsschwach, übergewichtig), selbst in nur einer Sportart, kaum ein anspruchsvolles Niveau erreichen werden.

Man erkennt sportliche Menschen meistens direkt an Merkmalen wie Figur (Muskulatur), Körperhaltung, Bewegungsablauf etc. – ohne jedoch zu wissen, ob es sich um einen Fußballer, Tennisspieler, Leichtathleten oder einen Sportler einer anderen Disziplin handelt.

In der Basis (Flatwork) brauchen nahezu alle Sportler dieselben Eigenschaften. Erst wenn es tiefer in die jeweiligen Disziplinen geht, sind spezifische Eigenschaften gefragt. Genauso verhält es sich bei Pferden.

Grundsportliche, fitte Pferde können in verschiedenen Sparten – auch mit relativ wenig spezifischem Training – ein recht anspruchsvolles Niveau erreichen. Unsportliche Pferde werden sich hingegen in nahezu jeder Disziplin schwertun!

Gutes pferdegerechtes Training hat somit in erster Linie ein sportlich gesundes Pferd zum Ziel, welches den Schritt (wenn erwünscht) in den gehobenen Bereich überhaupt erst möglich macht. Tatsächlich ist es so,

> Grundsportliche, fitte Pferde können in verschiedenen Sparten – auch mit relativ wenig spezifischem Training – ein recht anspruchsvolles Niveau erreichen.

dass das Trainingsziel, einen möglichst sportlichen und dadurch gesunden Pferdekörper zu erhalten, es mir leicht macht, mit derselben Motivation qualitativ gute, wie weniger gute Pferde zu trainieren. Es bereitet mir ähnlich viel Freude, talentierte Pferde mit einer gehobenen Grundqualität zu psychisch wie physisch gesunden Topsportlern auszubilden, wie auch Freizeitpferde körperlich so zu verbessern, dass sie und dadurch auch ihre Besitzer mit ihrem Körper einfacher und besser zurechtkommen.

Nur dann, wenn es wirklich um das Besserwerden der Pferde und nicht um den menschlichen Erfolg geht, sind langfristige und faire Erfolge zu erzielen.

Aus meiner Sicht lassen sich im Aufbau des Pferdekörpers keine Entwicklungsphasen überspringen, ohne gesundheitliche Schäden in Kauf zu nehmen. Manche Pferde brauchen länger, um zum Beispiel Muskulatur aufzubauen oder um ihre Koordination zu verbessern als andere. Das war sicherlich mit ein Grund dafür, warum ich mich als Bereiter in klassischen Verkaufsställen nie richtig aufgehoben fühlte. Nicht selten wurde nur über das Alter der Pferde der zu erreichende Entwicklungsfortschritt definiert. Pferde müssen mit vier Jahren Springpferde-A, mit fünf Jahren Springpferde-L und M gehen usw. Natürlich habe auch ich recht klare Entwicklungsziele, die auch teilweise am Alter der Pferde zu messen sind – jedoch sind diese Ziele in erster Linie mentaler und körperlicher Natur und somit nicht nur an Platzierungen festzumachen.

Nimmt man statt der Stangen/Sprünge Lektionen und statt eines Parcours eine Dressuraufgabe, lässt sich diese Vorbereitung nahezu komplett für Dressurpferde umlegen.

Trainingsplan

Wie könnte ein Trainingsplan beispielsweise aussehen? Ich möchte anhand von zwei unterschiedlichen Pferdetypen mögliche Trainingspläne aufzeigen.

Pferdetyp Nr. 1: ein hoch im Blut stehendes junges Pferd mit den Eigenschaften übermotiviert, sensibel, etwas „guckig" und unerfahren.

Pferdetyp Nr. 2: ein erfahrenes und etwas weniger hoch im Blut stehendes Pferd mit den Eigenschaften gelassen, abgeklärt, etwas bequem und turniererfahren. Um einen zeitlichen Rahmen zu setzen, nehmen wir die letzten rund zehn Wochen (Winterarbeit) vor dem ersten Turnier der Freiluftsaison.

Zehn Wochen vor dem Turnier:

Pferdetyp Nr. 1: Ich beginne damit, in die normalen Dressureinheiten (Flatwork) vermehrt gedankliche Parcours einzubauen.

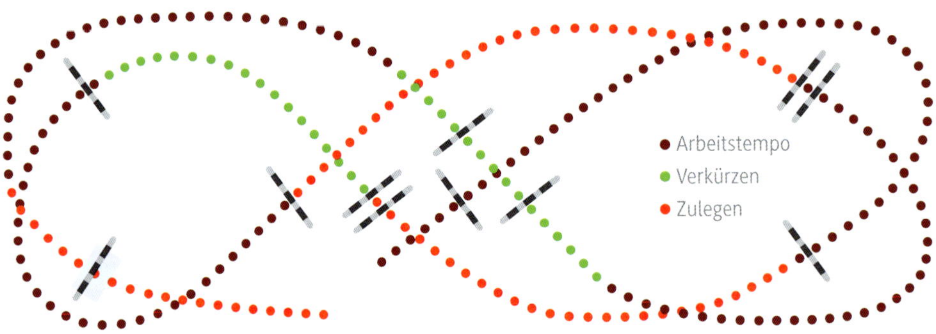

Ist mein Pferd (oder ich als Reiter) bereits ohne Sprünge nicht in der Lage, klare Spur- und Tempovorgaben einzuhalten, wird dies mit Sprüngen mit Sicherheit nicht einfacher.

Ziel: sich selbst und dem Pferd möglichst all die Aufgaben zu stellen, die später im Parcours gefragt sind. Die Punkte, die noch nicht gut funktionieren, können somit ohne den zusätzlichen Stressfaktor „Sprung" in Ruhe verbessert werden. Je nachdem, wie das Pferd es umsetzt, steht dieses Training zwei- bis viermal die Woche an.

Pferdetyp Nr. 2: Auch hier beginne ich vermehrt damit, gedanklich Parcours nachzureiten. Bei diesem Pferd geht es nicht darum, ob es überhaupt funktioniert, sondern in welchen unterschiedlichen Varianten es klappt. Selbst eine Art Stechparcours kann imaginär nachgestellt werden.

Ziel: Ich möchte das Pferd nach der Winterpause in Sachen Aufmerksamkeit und Reaktionsvermögen wieder parcourstauglich machen. Neben dem gewohnten Programm wird dieses Training etwa zweimal die Woche eingeplant.

Acht Wochen vor dem Turnier:

Pferdetyp Nr. 1: Jetzt werden in die Einheiten verschiedene Bodenstangen- und Cavalettiübungen eingebaut. Begonnen wird zunächst nur mit der Stange-Cavaletti-Übung. Dabei liegt die Hauptaufmerksamkeit nicht beim Cavaletti, sondern vielmehr darauf, ob das Pferd trotz dieser Zusatzaufgabe stabil und gelassen auf der Zirkelspur bleibt.

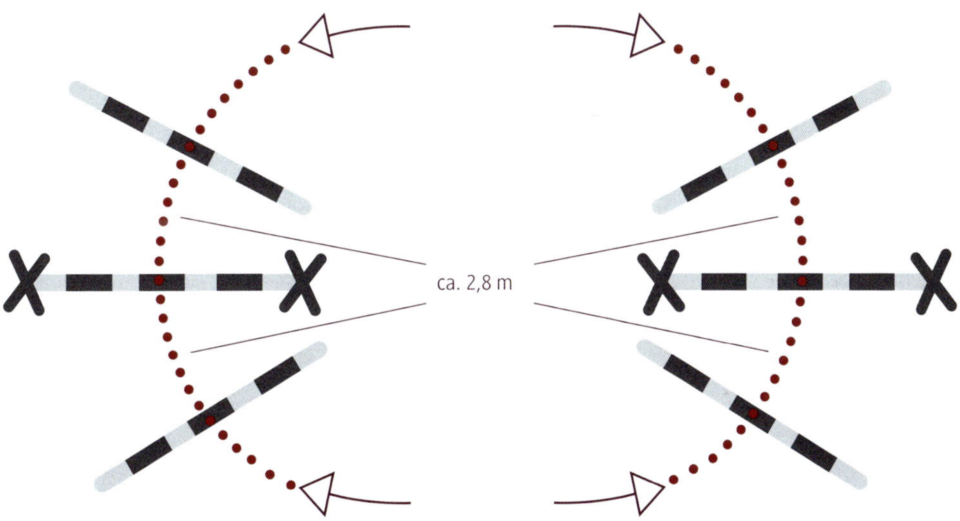

Die nächste Übung über die Diagonalen wird auch dafür genutzt, um zu überprüfen, wie gut das Pferd sich trotz der Sprünge an die Spur und Tempovorgaben hält. Diesmal jedoch nicht auf der gebogenen Linie, sondern im Geradeaus, was für etwas „heißere" Pferde meist deutlich schwerer ist.

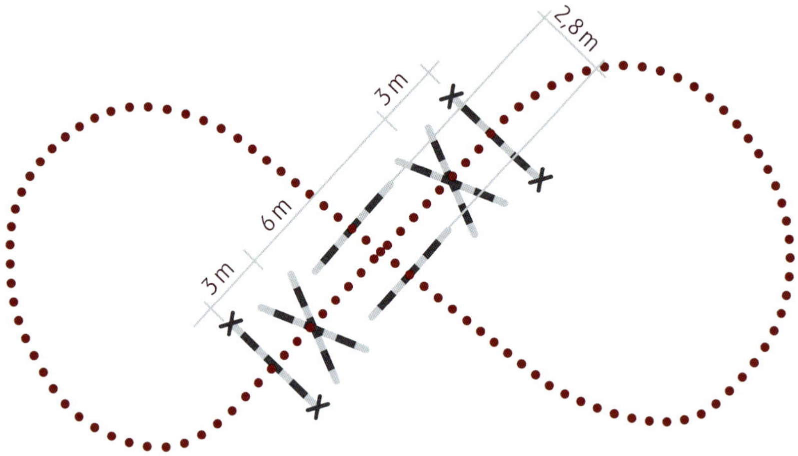

Der Vorteil beider Aufgaben liegt darin, sie mehrfach wiederholen zu können. Dadurch hat das Pferd die Chance, sich von Durchgang zu Durchgang zu verbessern, ohne jedes Mal die Aufgabe unterbrechen zu müssen. Wenn diese beiden Aufgaben einzeln gut bewältigt werden, kann man sie auch kombinieren, was den Anspruch jedoch deutlich erhöht.

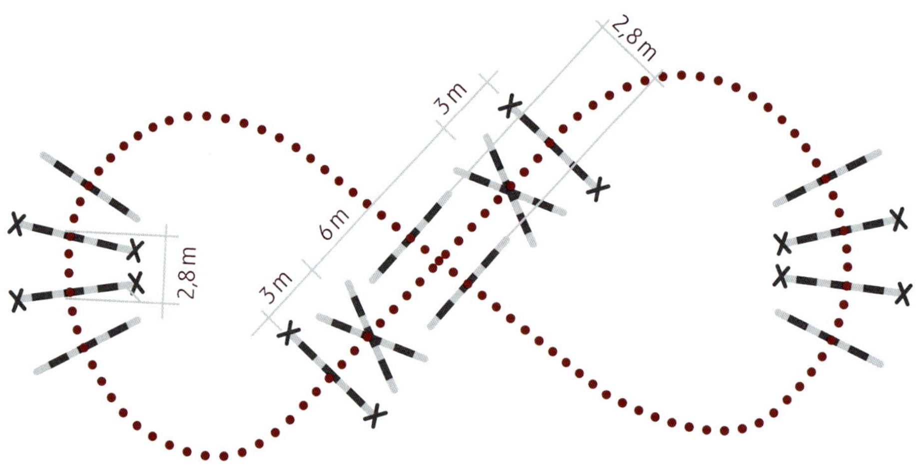

Das bedeutet, ich arbeite immer von der leichten zur schweren Aufgabe. Erst wenn die Aufgabe auf der Zirkelspur sicher klappt, gehe ich zu den Diagonalen. Gerade bei diesem Typ Pferd werden die Aufgaben erst dann kombiniert, wenn das Pferd sie einzeln wirklich stressfrei löst. Die Höhe der Sprünge bleibt in einem Bereich um die 80 Zentimeter. Hier geht es nicht um das Springen an sich, dagegen um die notwendige Kontrolle und Übersicht zwischen den Sprüngen.
Ziel: Das Pferd soll lernen, sich trotz der verschiedenen Cavaletti- und Springaufgaben weiterhin auf die Vorgaben des Reiters zu konzentrieren. Zusätzlich hat der Reiter mehrfach die Chance, sein eigenes Distanzgefühl zu trainieren und zu verbessern. Individuell angepasst gerne bis zu zwei- bis dreimal die Woche.

Pferdetyp Nr. 2: Auch für dieses Pferd eignen sich die Übungen sehr gut, da durch den mehrfachen Wechsel – von Sprüngen auf der Zirkelspur zu Sprüngen auf der geraden Linie – zum einen der Köper zum anderen die Konzentration gefordert und gefördert werden können. Beim erfahrenen Pferd gibt es auch noch die Möglichkeit, in Spur, Tempo, und in der Höhe der Hindernisse zu variieren. Mehrere Cavaletti hinter- oder übereinander auf der gebogenen Linie sowie zusätzliche Cavaletti auf der Diagonale machen diese Übung auch für erfahrene Pferde zu einem recht anspruchsvollen Training.
Ziel: Durch die schnelle Abfolge der Aufgaben verbessern sich Aufmerksamkeit und Reaktionszeit, zugleich körperliche Punkte wie Beweglichkeit und schnelles Abfußen. Durch das Hinzufügen der Cavaletti und das Erhöhen der Kreuze (Diagonale) arbeitet das Pferd zusätzlich an der Sprungkurve und Rückenmuskulatur. Diese Übung würde ich für diesen Typ Pferd ein- bis zweimal in der Woche einplanen.

Sechs Wochen vor dem Turnier:

Pferdetyp Nr. 1: Es wird Zeit, sich einigen Parcoursausschnitten zu stellen. Für junge unerfahrene Pferde macht es Sinn, gerade wenn die Sprünge auffällig gestaltet sind, den Parcours in zwei oder drei Abschnitte zu trennen. Das bedeutet, dass ein Parcours von zwölf Sprüngen in drei Sequenzen zu jeweils vier Sprüngen aufgeteilt wird.

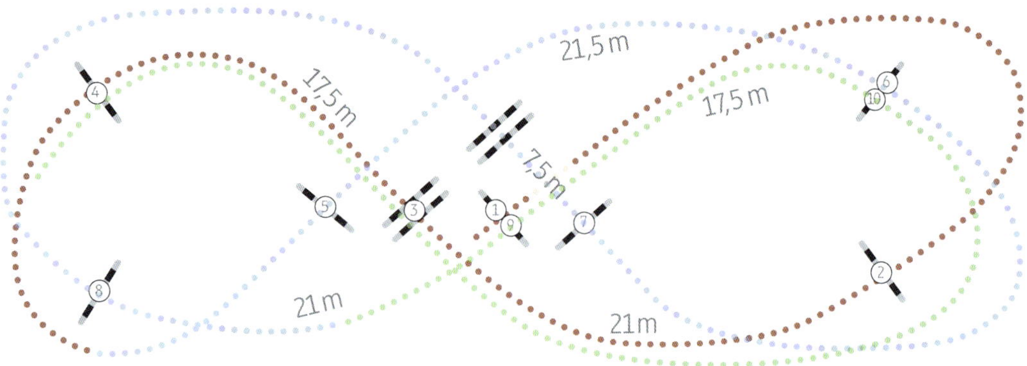

Diese Sequenzen werden dann einzeln durchritten, und erst wenn das junge Pferd die einzelnen Abschnitte angemessen bewältigt hat, wird der Parcours zusammengefügt. Gerade „guckige“ und unerfahrene Pferde verlieren im Laufe eines Parcours schon mal derart die Übersicht und Sicherheit, dass sie ab der Mitte des Parcours mental kaum noch in der Lage sind, diesen vernünftig zu beenden. Das Überfordern des Pferdes führt unweigerlich zu einer Überforderung des Reiters, was nicht zum Gelingen einer Aufgabe beiträgt. Geduld zahlt sich aus.

Ziel: Das schrittweise Heranführen an einen Parcours dauert eventuell etwas länger, gibt jedoch dem Pferd und dem Reiter die notwendige Zeit, um sich stressfrei der Aufgabe zu stellen. Das Selbstbewusstsein eines jungen, sensiblen Pferdes über kurze Abschnitte zu stärken, führt auf lange Sicht zu einem deutlich stabileren Pferd und Ergebnis. Parcourstraining würde ich ein- bis maximal zweimal die Woche einplanen.

Pferdetyp Nr. 2: Sechs Wochen vor dem Turnier beginnt für das erfahrene Pferd das Heranführen an die Turnieranforderungen. Das bedeutet, es werden entsprechende Linien und Sprungfolgen trainiert und auch die Hindernishöhen werden angepasst. Gefordert sind (je nach Leistungsstand) gerade und gebogene Linien, Kombinationen, Sprünge in und aus der Wendung sowie alle Arten von Hindernissen: Steil, Oxer, Triplebarre, Wasser und alle daraus möglichen Varianten wie zum Beispiel ein Schweden-Oxer.

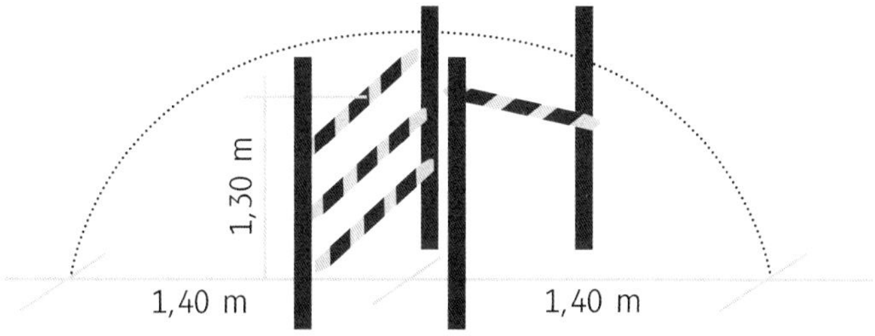

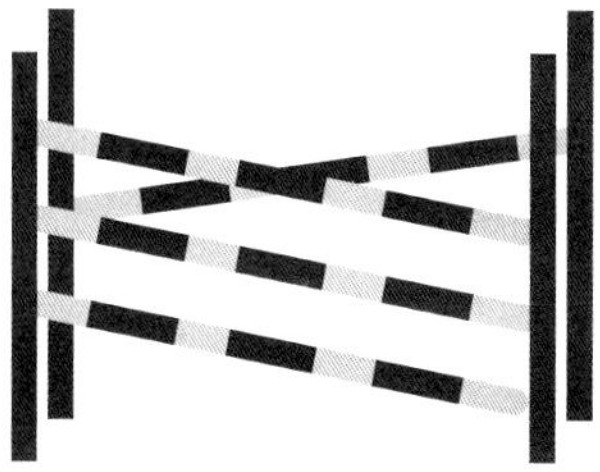

Auch das Heranführen an die geforderten Abmessungen darf nicht ganz außer Acht gelassen werden. Das Pferd muss die Möglichkeit bekommen, sich den am Turnier geforderten Herausforderungen bereits im Training – körperlich und mental – zu stellen. Jedoch gilt auch beim erfahrenen Pferd: immer vom Leichten zum Schweren. Überdies sollte kein Schritt des Aufbaues vernachlässigt werden.

Ziel: Bereits sechs Wochen vor dem Turnier die Turnieransprüche abfragen, damit noch genügend Zeit bleibt, Deifzite gesondert anzugehen. Es wird also der Leistungsstand überprüft. Einmal wöchentlich sollte ausreichen.

Vier Wochen vor dem Turnier:

Pferdetyp Nr. 1: Jetzt würde ich mit dem jungen, unerfahrenen Pferd auf ein Trainingsturnier oder zumindest in eine fremde Umgebung zum Parcoursreiten fahren, um zu schauen wie mein Pferd in fremder Umgebung auf neue Hindernisse reagiert – So entsteht die Möglichkeit, die problembereitenden Aufgaben, Sequenzen beliebig oft wiederholen zu können und eventuell auch den einen oder anderen Sprung tiefer zu machen oder seitlich durch Stangen zu begrenzen (bei jungen Pferden oft bei Kombinationen).

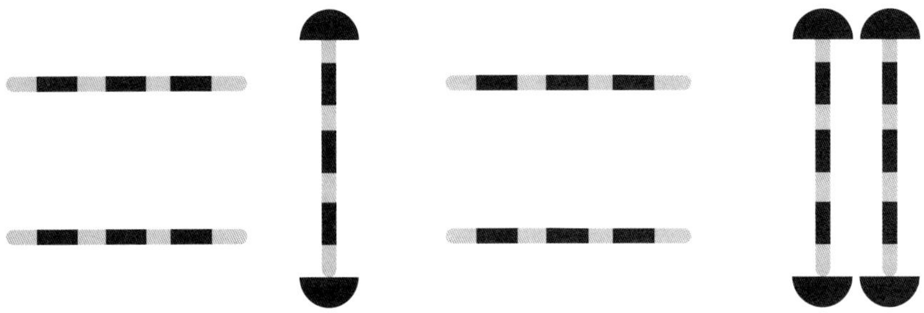

Ziel: Am Ende sollten sich Pferd und Reiter so relaxed und stressfrei wie möglich den unterschiedlichen Situationen stellen können. Das bedeutet eben nicht, dass alles optimal laufen muss (was bei den ersten Turnierstarts sowieso selten der Fall ist), sondern, dass sich weder Pferd noch Reiter von den Abweichungen von der Norm völlig aus dem Konzept bringen lassen. Durch das Auswärtstraining bekommen Pferd und Reiter die Möglichkeit, dies zu trainieren (daher am besten unter Begleitung eines Trainers). Je nach Ergebnis ein- bis dreimal in der vierten und dritten Woche vor dem Turnier.

Pferdetyp Nr. 2: Das Training in der vierten Woche ergibt sich, wie schon erwähnt, aus dem Ergebnis der Leistungsstandüberprüfung. In den nächsten zwei, drei Wochen wird gezielt auf mögliche Defizite eingegangen. Das kann zum Beispiel das Springen von Kombinationen mit seitlichen Begrenzungen sein, damit das Pferd selbstständig gerade bleibt. Oder das Trainieren von Sprüngen aus der Wendung mit optischen Kennzeichnungen, um den Weg besser einschätzen und vorgeben zu können.

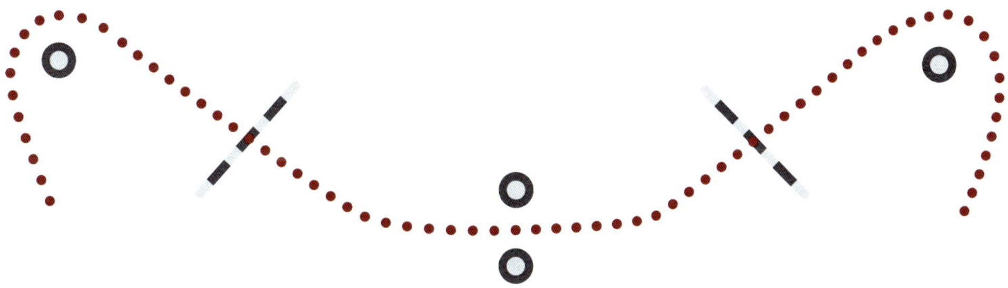

Ziel: In dieser Phase geht es um das Ausbessern oder Verfeinern von Details: zum Beispiel einschätzen können, welches und wie langes Abreiten meinem Pferd am besten entgegenkommt, um angemessen aufgewärmt und motiviert zu sein. Wie eng kann ich Wendungen nehmen? Wie muss ich welche Distanzen anlegen? Wo braucht mein Pferd Unterstützung. Ein- bis zweimal wöchentlich.

Zwei Wochen vor dem Turnier:

Pferdetyp Nr. 1: In dieser Phase geht es darum, das bisher Erlernte zu festigen und nach Möglichkeit keine neuen Aufgaben dazuzunehmen. Also keine Dreifachen oder offenes Wasser oder andere dem Pferd noch fremde Dinge ins Training einbauen. In der Dressurarbeit (Flatwork) weiterhin imaginäre Parcours nachreiten.

Ziel: Ich möchte dem Pferd durch die Wiederholungen die notwendige Routine mitgeben, um diese dann am Turnier auch abfragen zu können.

Pferdetyp Nr. 2: Der Schwerpunkt liegt jetzt bei der gymnastizierenden und lösenden Arbeit. Gerne auch mal verschiedene Reihen springen, um die Rückenmuskulatur arbeiten und lösen zu lassen. Wie beim jun-

gen Pferd in der Dressurarbeit durch Parcoursvarianten das Pferd aufmerksam und dynamisch halten.
Ziel: Für das erfahrene Pferd heißt es jetzt, Kraft und Motivation zu sammeln und die Muskulatur geschmeidig und beweglich zu behalten.

Zwei Tage vor dem Turnier:
Pferdetyp Nr. 1: Zwei Tage vor dem Turnier lasse ich meine jungen Pferde gerne noch einmal einen ganzen Parcours springen – quasi eine Art Generalprobe. Alles, was dann noch nicht perfekt funktioniert, muss ich als Reiter akzeptieren und in der Lage sein, damit umzugehen. Bei grundlegenden oder sehr deutlichen Defiziten würde ich einen Turnierstart lieber noch einmal verschieben. Am letzten Tag vor dem Turnier versuche ich, zwei Einheiten einzubauen: einmal Longieren (überschüssige Energie abbauen lassen – „ausbocken") und eine lockere Dressurarbeit oder Ausreiten.
Ziel: Die Generalprobe soll mich und mein Pferd ein letztes Mal darauf vorbereiten, was auf dem Turnier auf uns zukommt. Gerade frische, übermotivierte Pferde können im Zweifel lieber etwas ausgelasteter aufs Turnier fahren. Bei den ersten Starts geht es ja nur darum, dem Pferd Sicherheit und Vertrauen zu geben. Lieber eine entspannte Runde mit Fehlern als eine Nullrunde mit einem hektischen, unkonzentrierten Pferd. Erste Turnierstarts fallen für mich sowieso unter Ausbildung und somit in die Kategorie „Training".

Pferdetyp Nr. 2: Auch meine routinierten Pferde springe ich zwei Tage vor dem Turnier noch einmal, jedoch nicht zwingend einen ganzen Parcours, sondern eher kurze Ausschnitte: Distanzen oder auch eine Kombination – den einen oder anderen Sprung passe ich von den Abmessungen her auch den Turnieransprüchen an, um den richtigen Fokus zu haben. Am Tag vor dem Turnier reicht eine lockere Einheit und eine Runde Ausreiten absolut aus.
Ziel: ein letztes Mal die Sinne schärfen (zwei Tage vorher) und dann noch mal locker lösen und Motivation tanken (letzter Tag vor Turnier) ist angeraten.

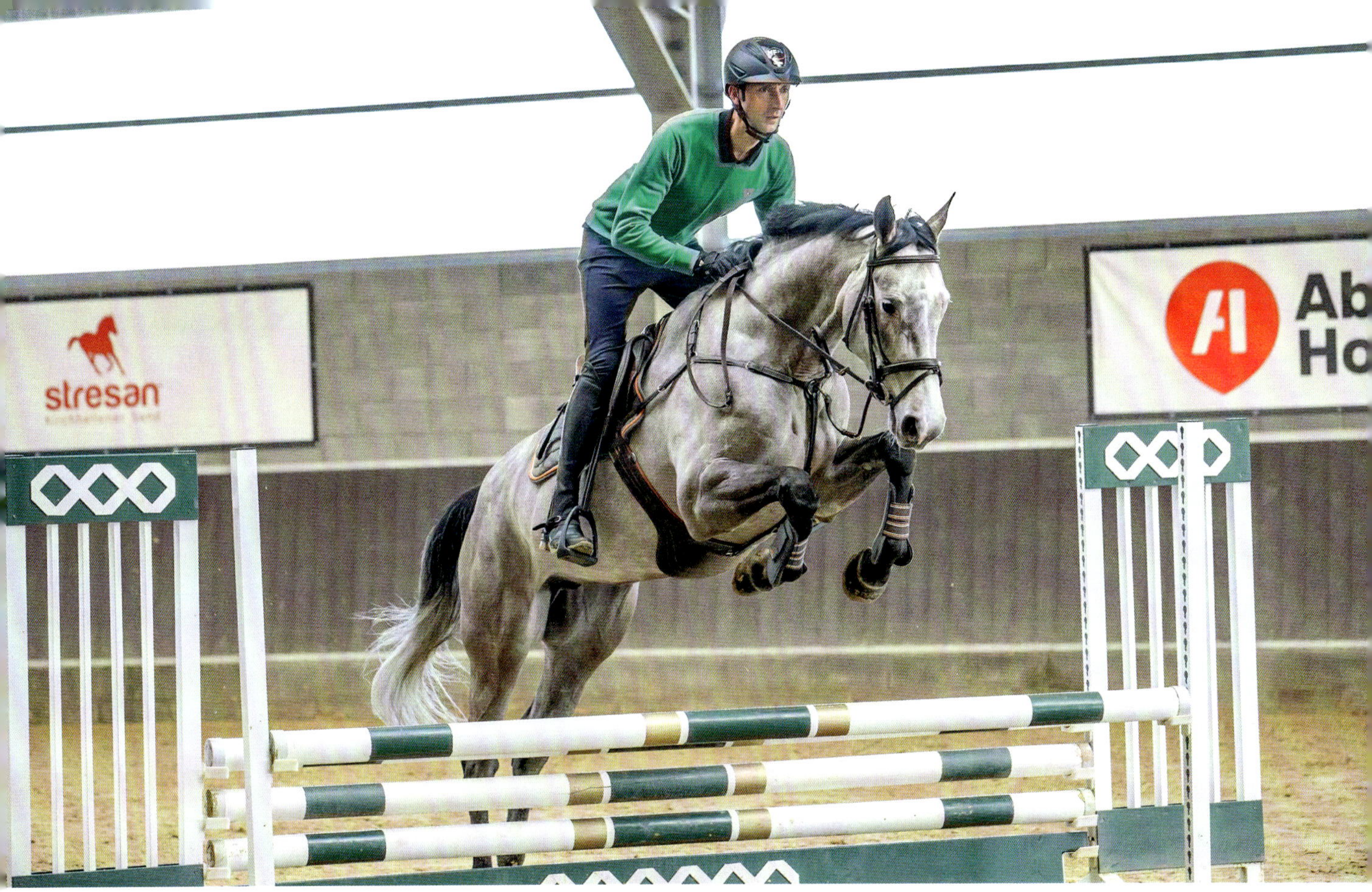

An den jeweils anderen Tagen sollten die Pferde so viel Abwechslung wie möglich bekommen. Gerade im Winter ist das nicht immer so einfach. Flatwork lässt tatsächlich ein recht großes und abwechslungsreiches Programm zu. Paddock, Führmaschine, Longieren, Freispringen und, wenn es der Boden erlaubt, eine Runde raus ins Gelände, sind die Dinge, die ich nutze, um die Wintermonate abwechslungsreicher zu gestalten.

Nimmt man statt der Stangen/Sprünge Lektionen und statt eines Parcours eine Dressuraufgabe, lässt sich diese Vorbereitung nahezu komplett für Dressurpferde umlegen.

Egal, ob man nun Amateur oder Profi ist: Ein guter Trainingsplan zu haben, erhöht die Wahrscheinlichkeit, erfolgreich zu sein, ungemein. Dabei würde ich erfolgreich gar nicht zwingend mit einer bunten Schleife in Verbindung bringen, sondern in Hinsicht darauf, ob das Reiter/Pferd-Team den Ansprüchen gerecht wird und vor allem tatsächlich auch Freude an der Sache hat. Turnierreiten ist eine Überprüfung der Kommunikation zwischen Pferd und Reiter in einer fremden Umgebung – sowie ein sportlicher Vergleich mit anderen Gleichgesinnten.

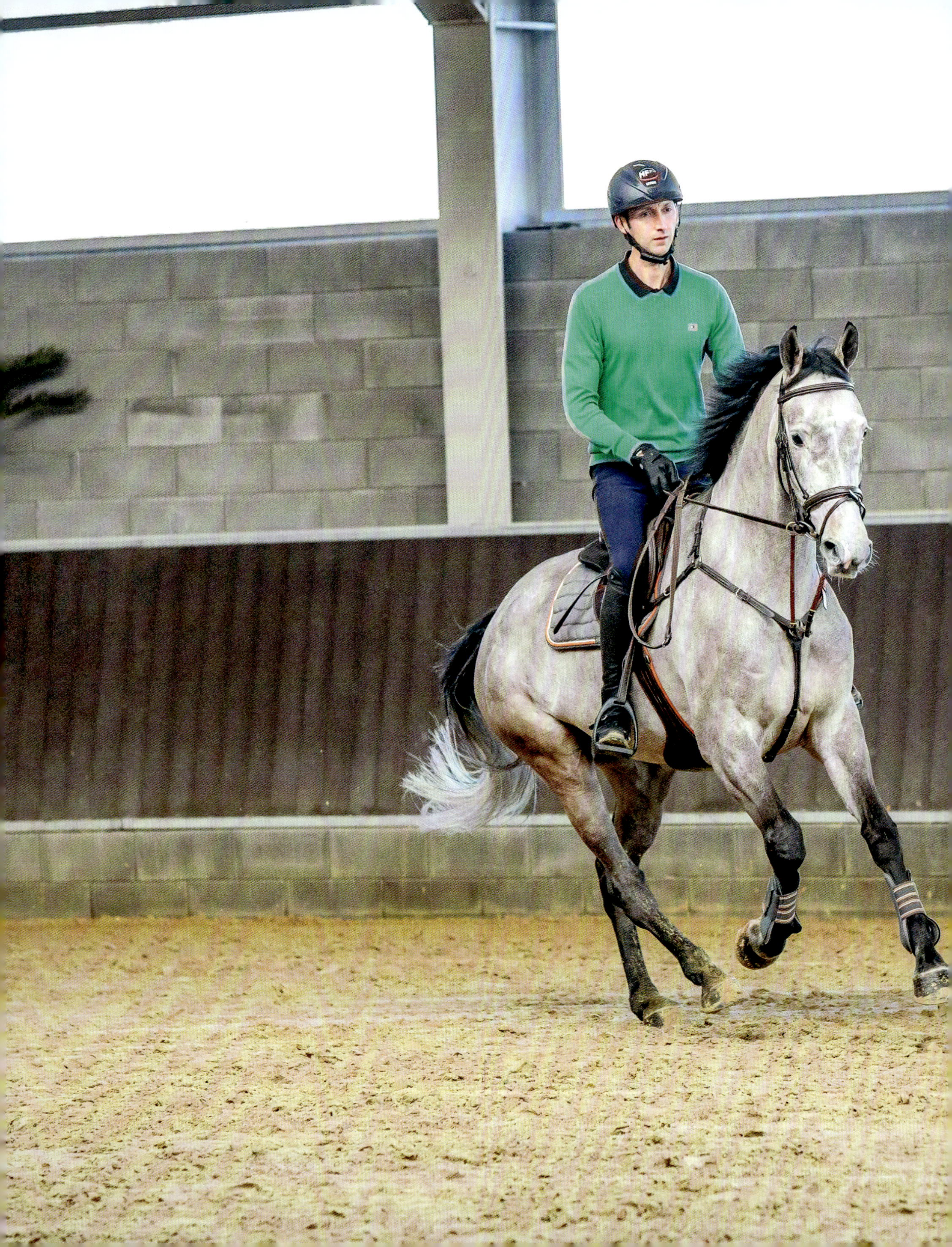

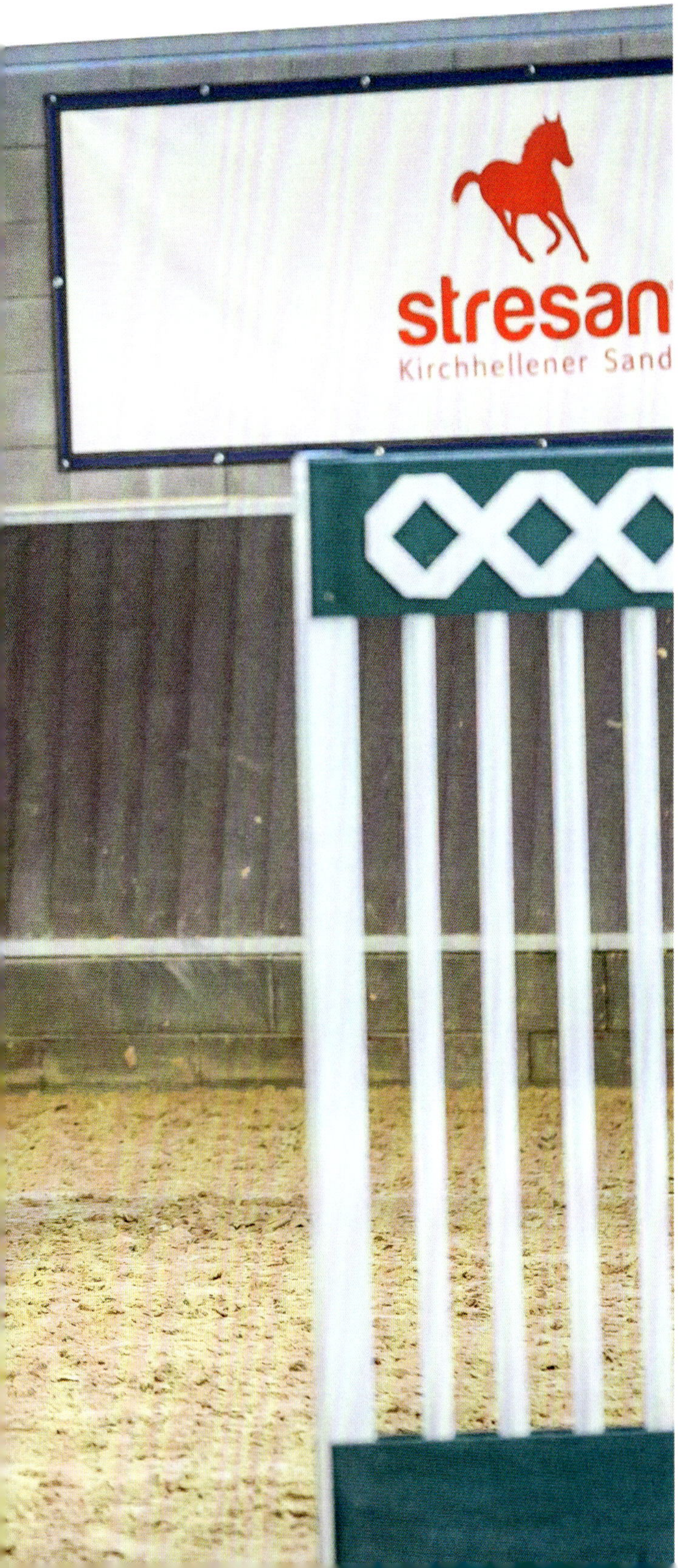

Distanzen

(einschätzen und reiten)

Distanzen

(einschätzen und reiten)

Diesen Punkt habe ich zwar bereits in meinem ersten Buch angesprochen, trotzdem möchte ich, da dieses Thema so gut wie jeden Springreiter beschäftigt, hier noch einmal etwas genauer darauf eingehen. Das Hauptproblem beim Reiten von guten und sicheren Distanzen ist nicht, wie oft gedacht, das richtige Einschätzen, sondern vielmehr die mangelnden Möglichkeiten, das Erkannte unaufwendig und reaktionsschnell umzusetzen.

Was hilft es dem Reiter, Distanzen zu erkennen, wenn er sich diesen nicht anpassen kann?

„Was hilft es dem Reiter, die Distanzen zu erkennen, wenn er diese nicht anpassen kann?“ Distanzen gut und sicher reiten zu können, hängt vor allem an zwei Komponenten.

Erstens am Distanzeneinschätzen und zweitens am eigentlichen Distanzenreiten/-anpassen. Es macht erst dann Sinn, Distanzen sehen zu wollen, wenn man auch in der Lage ist, sich diesen angemessen anzupassen. Sind Reiter und Pferd dort, wo keine Sprünge stehen, nicht in der Lage, kurzfristig auf Spur und Rhythmusveränderungen einzugehen, wird dies auf den letzten drei, vier oder fünf Galoppsprüngen vor dem Sprung (realistischer Bereich für Amateure, Distanzen zu erkennen) auch nicht funktionieren. Für mich beginnt das Trainieren von Distanzen bereits dort, wo noch keine Sprünge stehen. Wird das Distanzenerkennen vor das Distanzenreiten/-beeinflussen gestellt, ist es meist so, dass dies zu einer Verunsicherung des Reiters führt. Nämlich dann, wenn der Reiter zum Beispiel drei, vier Galoppsprünge vor dem Hindernis sieht, dass es zum Beispiel etwas weit wird, jedoch aufgrund mangelnder Feinabstimmung mit dem Pferd trotzdem unpassend an den Sprung kommt. Nicht selten wird dann versucht, die Distanz früher oder besser zu sehen (was kaum möglich noch sinnvoll ist), statt die Abstimmung zu verfeinern.

> Klassische Kommandos wie „Guck genauer hin" oder „Du musst viel früher hinschauen" führen in den seltensten Fällen zu besseren Distanzen.

Klassische Kommandos wie „Guck genauer hin" oder „Du musst viel früher hinschauen" haben in den seltensten Fällen zu einer Verbesserung der Distanzen geführt. Der richtige Schritt wäre es, sich zunächst dem kontrollierten Reiten von Spur und Tempovarianten anzunehmen. Erst, wenn es dem Pferd/Reiter-Paar ohne Sprünge gelingt, zu jeder Zeit Spur und Rhythmus beliebig zu variieren, würde ich sie dies auch in Zusammenhang mit Stangen, Cavaletti oder kleinen Sprüngen trainieren lassen. Kann der Reiter drei bis vier Galoppsprünge vor dem Sprung das Tempo verändern, lässt sich das Erkennen von Distanzen deutlich einfacher erlernen, da der Reiter das „Gesehene" auch beeinflussen/anpassen kann und dadurch aus seinen Entscheidungen lernen kann. Reiter, die sich bereits weit vor dem Sprung (zehn Galoppsprünge oder mehr) nur noch auf ein Distanzsehenwollen konzentrieren, verlieren meist die Kommunikation und somit die Feinabstimmung mit ihrem Pferd. Nicht nur der Verlust an Kommunikation, sondern auch mangelndes Spüren und Einschätzen des Pferdes lassen gutes Distanzen-reiten kaum noch zu.

Beispiel: Der Reiter konzentriert sich bereits von Weitem nur noch auf den Sprung und auf eine möglichst gute Distanz. Das führt zu zwei Fehlern, die es jedem Reiter schwierig machen, die Sprünge angemessen zu treffen:
Fehler 1: Der direkte Blickkontakt zum Sprung führt oft dazu, dass der eigentlich gefragten und korrekten Spurwahl kaum noch Aufmerksamkeit geschenkt wird.

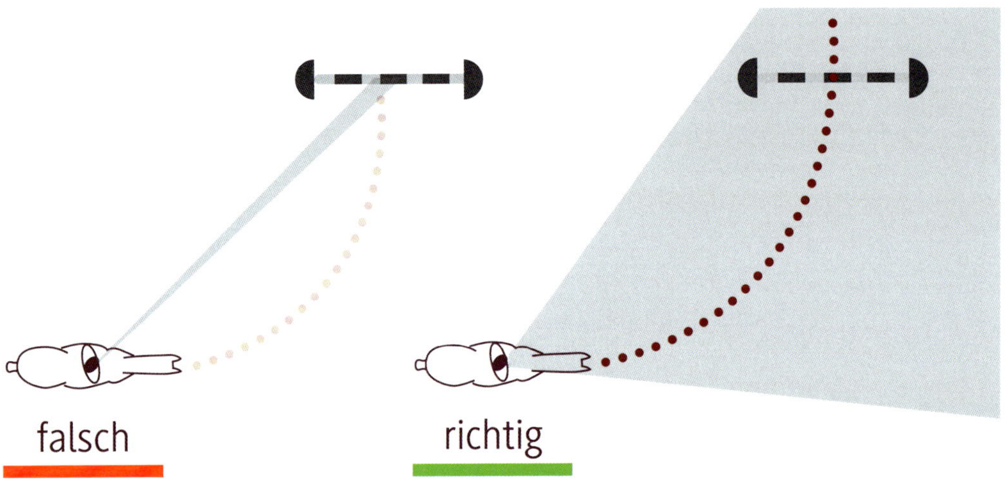

Es geht nur noch um ein „Dort-müssen-wir-rüber" ohne klare Spur- und Tempovorgabe. Resultat sind generell Pferde, die bereits von Weitem auf die Sprünge loslaufen, was ein feines Distanzeneinschätzen und/oder -beeinflussen nahezu unmöglich macht. Der Verlust der Spur und Tempokontrolle vor dem Sprung setzt sich nach dem Sprung unweigerlich fort – wodurch ein harmonisches Parcoursreiten unwahrscheinlich wird.
Fehler 2: Das übertriebene und komplett vereinnahmende „Nur-auf-die-passende-Distanz-Achten" führt dazu, dass der Reiter sein Pferd kaum noch spürt und wahrnimmt. Wenn sich das Pferd zum Beispiel auf dem Weg beginnt zu verspannen, fällt dies dem Reiter kaum oder erst viel zu spät auf. Ein angespanntes Pferd und/oder ein angespannter Reiter sind nicht in der Lage, fein und zeitnah zu reagieren, wodurch ein „Auf-Distanzen-Eingehen" kaum möglich ist. „Reite nicht den Sprung, sondern dein Pferd."

„Der Sprung ist oder wird immer nur so gut wie der Galopp (das Pferd) davor“ oder „Nicht der Sprung, sondern der Reiter entscheidet wo entlang und wie schnell“ gehören in meinem Unterricht zu den Kernaussagen bezüglich „Distanzenreiten“. Ist das Pferd auf den Wegen zwischen den Sprüngen zu jeder Zeit flexibel, sportlich und locker, werden die Sprünge und das „Auf-Distanzen-Eingehen“ keine großen Schwierigkeiten bereiten. Wenn man sich im Klaren drüber ist, dass ein Parcours zu 90 Prozent aus Weg und Rhythmus und nur zu 10 Prozent aus Sprüngen besteht, ist es logisch, dass ohne gute Spur- und Tempokontrolle kaum ein gutes Ergebnis am Sprung zu erzielen ist.

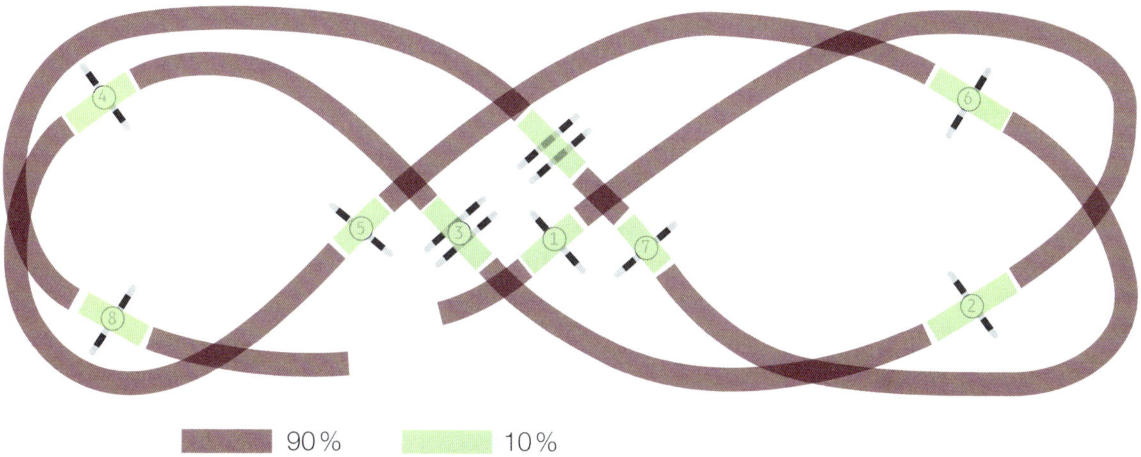

Nicht selten ist es so, dass Reiter kleinere Sprünge in der Regel deutlich sicherer treffen als höhere. Werden die Sprünge höher, wird dem „Distanztreffen“ häufig zu viel Aufmerksamkeit geschenkt. Ergebnis ist oft, dass die Sprünge dann weniger sicher und passend angeritten werden. Gedanklich hilft es, Kreuze wie hohe Sprünge und hohe Sprünge wie Kreuze zu reiten – denn bei kleinen Sprüngen fehlt es einigen Reitern schon mal an Konzentration und bei hohen Sprüngen kommt es vor, dass sie verkrampfen. Zusammengefasst lässt sich sagen: Distanzen einzuschätzen muss sicherlich geübt werden, aber erst die Möglichkeit Distanzen auch beeinflussen und variieren zu können, führt zu sicherem und passendem Distanzenreiten.

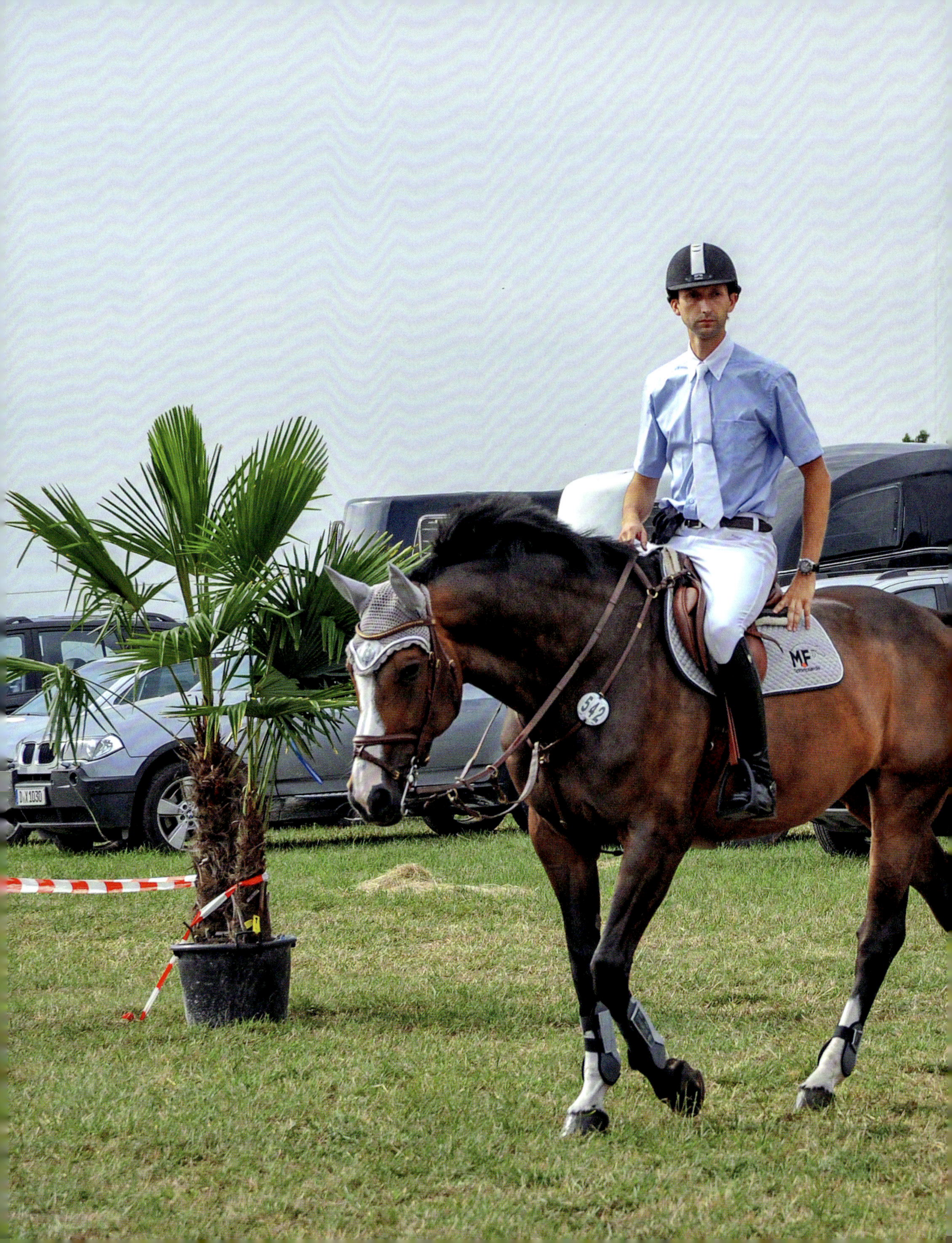
542
MF

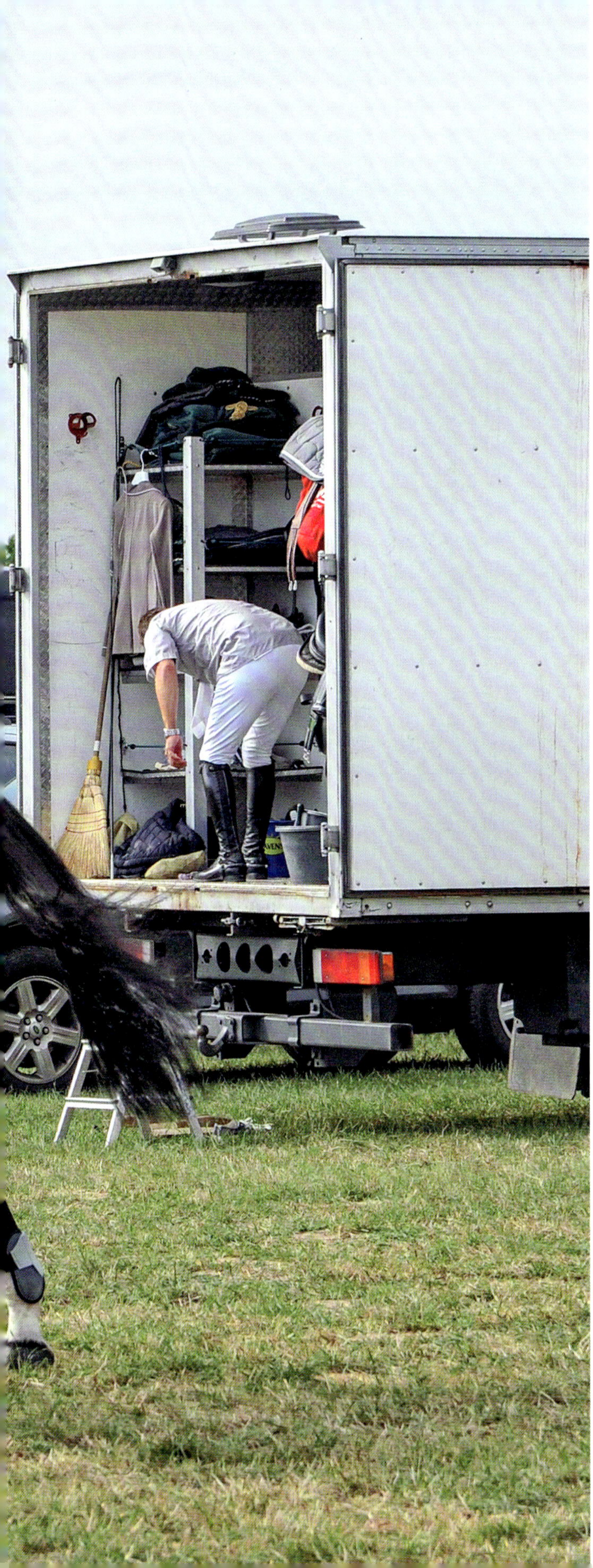

Umgang mit Misserfolg und Fehlern

(Trainer – Sportler)

Umgang mit Misserfolg und Fehlern

(Trainer – Sportler)

Aus meiner Sicht einer der wichtigsten Punkte! Jeder Sportler wird bestätigen, dass Fortschritt nur durch Fehler erzielt werden kann. Die Herausforderung ist es, Fehler zu erkennen, zu akzeptieren und daran zu arbeiten.

Nur wer sich seinen Fehlern/Misserfolgen stellt, hat die Chance, etwas aus ihnen zu lernen.

Fehler erkennen:

Der erste Schritt ist zu erkennen, welche Art von Fehler vorliegt. Hierfür ist die getrennte Beurteilung notwendig. Wie bereits in dem Punkt „Aufgabenteilung“ beschrieben, haben Reiter und Pferd unterschiedliche Aufgaben. Dementsprechend können dort Fehler auftreten.

Zur Erinnerung **die Aufgaben des Reiters:** entscheiden – vorgeben – einfordern – zulassen.

Die Aufgaben des Pferdes: erkennen – akzeptieren – umsetzen. Ich denke, es ist bereits jetzt erkennbar, dass es eine Vielzahl von verschiedenen Fehlerquellen gibt. Wie so oft ist das richtige Erkennen und Analysieren der Probleme tatsächlich das Schwierigste. Da gerade beim Reiten der eine Fehler unglücklicherweise zum nächsten führt, gilt es auch hier, eine Art Prioritätenreihenfolge einzuhalten. Die Fehlersuche beginne ich immer beim Reiter. Jedoch finde ich die Aussage, dass „immer der Reiter schuld sei“, falsch oder zumindest nur teilweise richtig. Erstens ist der Begriff „Schuld“ unpassend gewählt, da ich keinen einzigen Reiter kenne, der sich aufs Pferd setzt und sagt: „Heute reite ich absichtlich besonders schlecht“, und zweitens kann es auch sein, dass Pferde Fehler machen, was weder schlimm noch zu bestreiten ist.

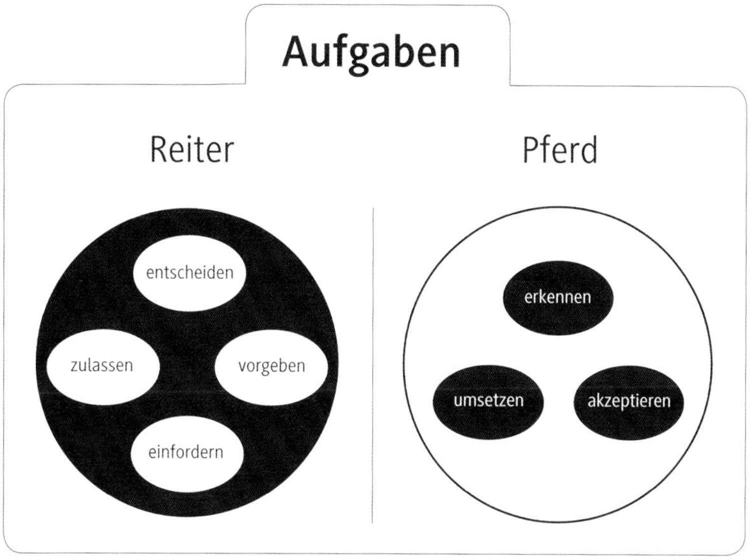

Dem Pferd keinerlei Fehler zuzugestehen, führt unweigerlich zu einer massiven Druckerhöhung – sowohl für den Reiter als auch für das Pferd.

Dem Pferd keinerlei Fehler zuzugestehen führt unweigerlich zu einer massiven Druckerhöhung. Fehlerlos sein zu müssen (Pferd), ist eine ebenso große Druckbelastung wie das Gefühl, an allem schuld zu sein (Reiter). Den Gedanken, die Fehler immer zuerst einmal bei sich zu suchen, finde ich grundsätzlich und gerade für Jugendliche absolut richtig und wichtig –, aber dem Pferd in der einen oder anderen Situation keine Fehler zuzugestehen, würde im Umkehrschluss bedeuten, dass Pferde unfehlbar sind und somit nichts dazulernen können.

Fehler des Reiters

Ein Pferd führt eine gewünschte Lektion nicht aus. Die Fehlersuche beginnt immer beim Reiter:

1. War die Vorgabe fürs Pferd klar genug zu erkennen?
2. War der Sitz des Reiters zulassend genug und hat er das Pferd in der Umsetzung nicht gehindert?
3. War der Reiter nicht konsequent genug und das Pferd hat seine Vorgaben nicht akzeptiert?
4. Hat der Reiter sich für eine Aufgabe entschieden, die das Pferd umsetzen kann?

Zu 1: War die Vorgabe fürs Pferd klar genug?
Ist die Aufgabe für das Pferd nicht zu erkennen, wird sich das gewünschte Resultat nicht einstellen – auch dann nicht, wenn das Pferd die Vorgaben eigentlich akzeptieren und/oder technisch umsetzen könnte. In diesem Fall muss der Reiter lernen, wie Vorgaben zu sein haben, damit das Pferd die gewünschten Aufgaben erkennen und auch umsetzen kann.

Beispiel: *Der Reiter möchte, dass sein Pferd abwendet – jedoch zieht er nur am inneren Zügel, anstatt über Sitz, Bein und Zügelführung (Zusammenspiel der Hilfen) einen Kanal vorzugeben. Durch die fehlerhafte Vorgabe erkennt das Pferd die gewünschte Aufgabe nicht oder falsch und wird daher nicht abwenden, sondern sich nur nach innen stellen und geradeaus weiterlaufen.*

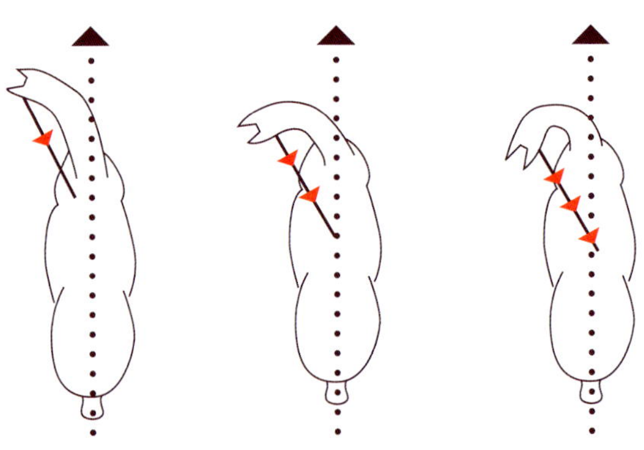

Resultat: Eine falsche Vorgabe führt leider sehr oft zu unfairem Verhalten gegenüber dem Pferd. Der Reiter ist sich seiner „Fehlvorgabe" meist nicht bewusst (sonst würde er diese ja kaum geben) und denkt, sein Pferd würde die geforderte Aufgabe einfach nicht akzeptieren. Durch das Nichterkennen des eigentlichen Fehlers ist die Gefahr, das Falsche sogar zu verstärken, leider sehr hoch. Dass das Verstärken der fehlerhaften Vorgabe weder zu dem gewünschten Resultat noch zur Harmonie zwischen Pferd und Reiter beiträgt, ist sicherlich einleuchtend.

Zu 2: War der Sitz des Reiters zulassend genug?

Behindert der Reiter das Pferd in der Umsetzung der gewünschten Aufgabe, kann das Pferd diese nicht ausführen – auch dann nicht, wenn es die Vorgaben erkennt und akzeptiert. Somit muss der Reiter daran arbeiten, den eigenen Sitz/Körper so gut unter Kontrolle zu haben, dass er alles, was er vorgibt und einfordert, auch zulassen kann. Das ist wiederum nur möglich, wenn der Reiter seinen Sitz völlig unabhängig vom Pferd kontrollieren kann.

Beispiel: *Der Reiter fordert auf der Diagonalen einen fliegenden Galoppwechsel, eine jedoch unbewegliche und somit blockierende Hüfte des Reiters gibt dem Pferd gar nicht die Möglichkeit, die gewünschte Lektion umzusetzen.*

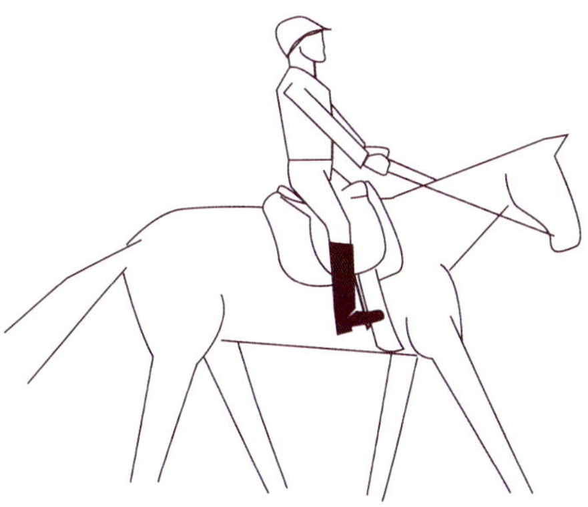

falsch

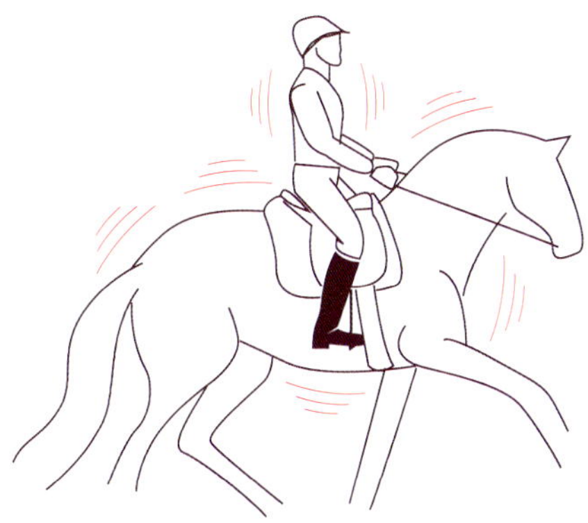

richtig

Resultat: Motivation sowie Akzeptanz des Pferdes, die geforderten Aufgaben umzusetzen, werden sich deutlich verschlechtern. Auch hier würde ein Druckerhöhen des Reiters zu keiner Verbesserung, sondern sicher zu einer Verschlechterung führen, da die Hüfte des Reiters wahrscheinlich noch deutlicher versteift und somit die Umsetzung für das Pferd nahezu unmöglich macht. Wer sich seines eigenen Körpers nicht bewusst ist, wird den seines Pferdes kaum richtig beurteilen und so auch nicht Vorgaben leisten können.

Zu 3: War der Reiter nicht konsequent genug?

Ist der Reiter in den Augen des Pferdes nicht ranghöher, wird es die geforderten Aufgaben nicht erfüllen – auch dann nicht, wenn das Pferd körperlich dazu in der Lage und die Hilfe/Vorgabe des Reiters korrekt und klar zu erkennen ist. In dem Fall muss der Reiter an seiner Präsenz, Körpersprache und Ausstrahlung arbeiten, um dem Pferd die Führungsrolle zu bieten, die notwendig ist, um angemessen Akzeptanz und Vertrauen zu erhalten.

Beispiel: *Der Reiter fordert, auf dem zweiten Hufschlag an einem offenen Hallentor vorbeizugehen. Durch seine passive und unsichere Körpersprache lässt er es dem Pferd gegenüber an Führung und Vertrauen mangeln, was dazu führt, dass das Pferd die Führungsposition selbst übernimmt und seine eigenen Entscheidungen trifft – in dem Fall abwenden und weglaufen.*

Resultat: Hat das Pferd zu wenig Respekt und daher auch zu wenig Vertrauen in den Reiter, kann und wird es immer wieder zu unangenehmen oder sogar gefährlichen Situationen kommen. Wichtig: Der Aufbau von Rangordnung (siehe Seite 13) und somit von Respekt und Vertrauen beginnt nicht erst im Sattel, sondern bereits im Umgang an der Hand. Pferde, die den ganzen Körper (Menschen) nicht akzeptieren, werden dies kaum bei einzelnen Hilfen tun.

Zu 4: Hat der Reiter sich für eine passende Aufgabe entschieden?
Das gewünschte Resultat tritt auch dann nicht ein, wenn der Reiter sich für eine Lektion (oder die gewisse Dauer einer Lektion) entscheidet, welche das Pferd körperlich und/oder mental noch nicht bewältigen kann – obwohl es die Vorgabe erkennt und akzeptiert. In dem Fall muss der Reiter lernen, sein Pferd besser zu spüren und einzuschätzen, um ihm keine unerfüllbaren Aufgaben zu stellen.

Zusammengefasst spricht man immer dann von Fehlern des Reiters, wenn dieser sich für Aufgaben entscheidet, welche er nicht vorgeben, einfordern oder zulassen kann.

Beispiel: *Der Reiter fordert von einem noch wenig trainierten Pferd seit mehreren Runden versammelten Galopp. Aus Mangel an Kraft und Ausdauer fällt das Pferd jedoch zurück in den Trab, da es die Aufgabe rein körperlich nicht mehr halten kann.*

Anschaulicher wird es, wenn zum Beispiel ein Sprung die Möglichkeiten des Pferdes überschreitet.

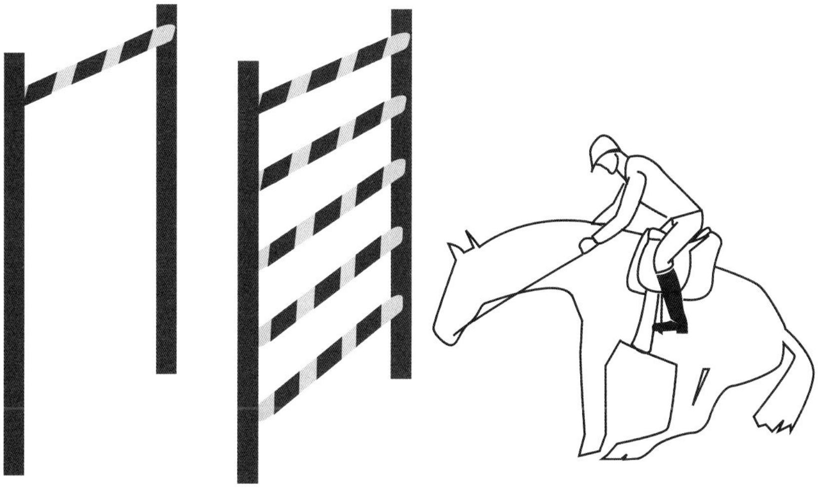

Resultat: Pferde, die immer wieder körperlich und/oder mental überfordert werden, werden sich entweder gegen die unangemessenen Vorgaben auflehnen oder jegliche Motivation, die gestellten Aufgaben umzusetzen, verlieren (Resignation). Pferde dürfen und sollen sich gerne auch mal anstrengen, ist das Geforderte jedoch körperlich unmöglich zu erfüllen, wird das Pferd neben der physischen Überforderung auch noch mentalen Schaden nehmen – ein schwierig auszugleichender Verlust von Respekt und Vertrauen.

Fehler des Pferdes

Wann kann, darf und muss von Fehlern des Pferdes gesprochen werden? Hierfür müssen wir uns noch mal die Aufgaben des Pferdes vor Augen führen: erkennen, akzeptieren und umsetzen. Natürlich können in diesen Aufgabenbereichen auch Fehler gemacht werden – sind diese eindeutig nicht vom Reiter verschuldet (was immer erst überprüft wird) – ist es wahrscheinlich, dass sie vom Pferd gemacht wurden. Es ist ungemein wichtig, auch dem Pferd Fehler zuzugestehen. Zieht ein Reiter dies nicht in Betracht, würde er eventuell seine angemessene, korrekte und gut vorgegebene Hilfe/Vorgabe infrage stellen oder sogar ändern, nur weil es dem Pferd zum Beispiel nicht direkt gelingt oder es die Vorgaben nicht direkt erkennt. Das würde aus meiner Sicht jedoch bedeuten, dass ich meinem Pferd gar nicht erst die Chance gebe, die geforderten Aufgaben zu erkennen und umzusetzen. Kein Pferd macht etwas absichtlich falsch, was jedoch nicht heißt, dass nicht auch ihm Fehler unterlaufen können.

Kein Pferd macht absichtlich etwas falsch –
dennoch kann ihm ein Fehler unterlaufen.

Fehlerhaftes erkennen

Gibt der Reiter klar erkennbare korrekte Hilfen/Vorgaben und die geforderte Aufgabe ist auch angemessen für das jeweilige Pferd ausgewählt, kann es trotzdem sein, dass die Vorgabe vom Pferd nicht oder nicht richtig erkannt wird. Hierfür gibt es einige Gründe.

- Das Pferd ist noch jung und weiß mit der Vorgabe noch nichts anzufangen.
- Das Pferd ist über einen längeren Zeitraum schlecht oder falsch geritten worden und erkennt die Vorgaben deswegen nicht.
- Das Pferd ist so weit abgestumpft, dass es die Vorgaben in der normalen Intensität nicht mehr wahrnimmt.

Geht der Reiter jedoch davon aus, dass der Fehler immer nur an ihm liegt, würde er die gegebenen Hilfen – wenn sich das gewünschte Ergebnis nicht unmittelbar einstellt – ändern, anstatt selbstbewusst und gelassen das Pferd die Vorgaben erkennen und die Aufgaben als Teil der notwendigen Ausbildung trainieren zu lassen.

Weder jung, noch schlecht geritten oder abgestumpft zu sein, ist ein Fehler des Pferdes. Trotzdem können diese Umstände zu einem fehlerhaften Verhalten führen, welches vom Reiter erkannt und angesprochen werden sollte. Dem Pferd die Möglichkeit zu geben an diesen Fehlern und somit an sich zu arbeiten, sehe ich als notwendige Ausbildung oder Korrektur des Pferdes.

Jedes Pferd sollte die Möglichkeit bekommen, aus seinen Fehlern zu lernen.

Fehlerhaftes umsetzen

Gibt der Reiter klar erkennbare, korrekte Hilfen/Vorgaben und die geforderte Aufgabe ist angemessen für das jeweilige Pferd ausgewählt, kann es trotzdem sein, dass dem Pferd das gewünschte Ergebnis misslingt. Hier eine Situation beim Springen: Der Reiter reitet mit einem erfahrenen, gut ausgebildeten Pferd gegen einen 1,20 Meter hohen Sprung. Spur und Tempowahl, Körperspannung, Rhythmus und Distanz zum Sprung sind optimal gewählt, trotzdem fällt die Stange. Das wäre eine klassische Situation für einen Fehler des Pferdes – was weder schlimm, schlecht oder vom Reiter zu korrigieren wäre. Genau genommen, ist diese Art von Fehler optimal, da das Pferd lernt, selbstständig an sich zu arbeiten. Sehr oft hört man dann Ratschläge wie: "Beim nächsten Mal musst du mehr gegenhalten'" oder ‚mehr Platz am Sprung geben'" oder ‚mehr Bein'", um den Fehler zu verhindern. Genau diese Reaktionen wären jedoch der eigentliche Fehler. Ich würde in dieser Situation versuchen, denselben Sprung möglichst identisch wieder zu fordern, um meinem Pferd die Chance zu geben, aus seinem eigenen Fehler zu lernen. Ein größerer Lerneffekt kann kaum erzielt werden. Es ist wie beim Menschen: Um wirklich Fortschritte erzielen zu können, muss man die Fehler erkennen, akzeptieren und schlussendlich daran arbeiten. Würde der Reiter versuchen, den Fehler des Pferdes zu verhindern, würde er nicht nur in den Aufgabenbereich des Pferdes eingreifen, sondern mit großer Wahrscheinlichkeit seinen eigenen Aufgabenbereich vernachlässigen und folglich schlechter reiten. Somit sollte der Reiter die Fehler des Pferdes nutzen, um das Pferd an sich selbst arbeiten zu lassen.

Zusammengefasst kann man immer dann von „Fehlern des Pferdes" sprechen, wenn nicht der Reiter durch falsche Entscheidungen oder schlechtes Vorgeben – Einfordern – Zulassen der Verursacher des Nichtgelingens ist.

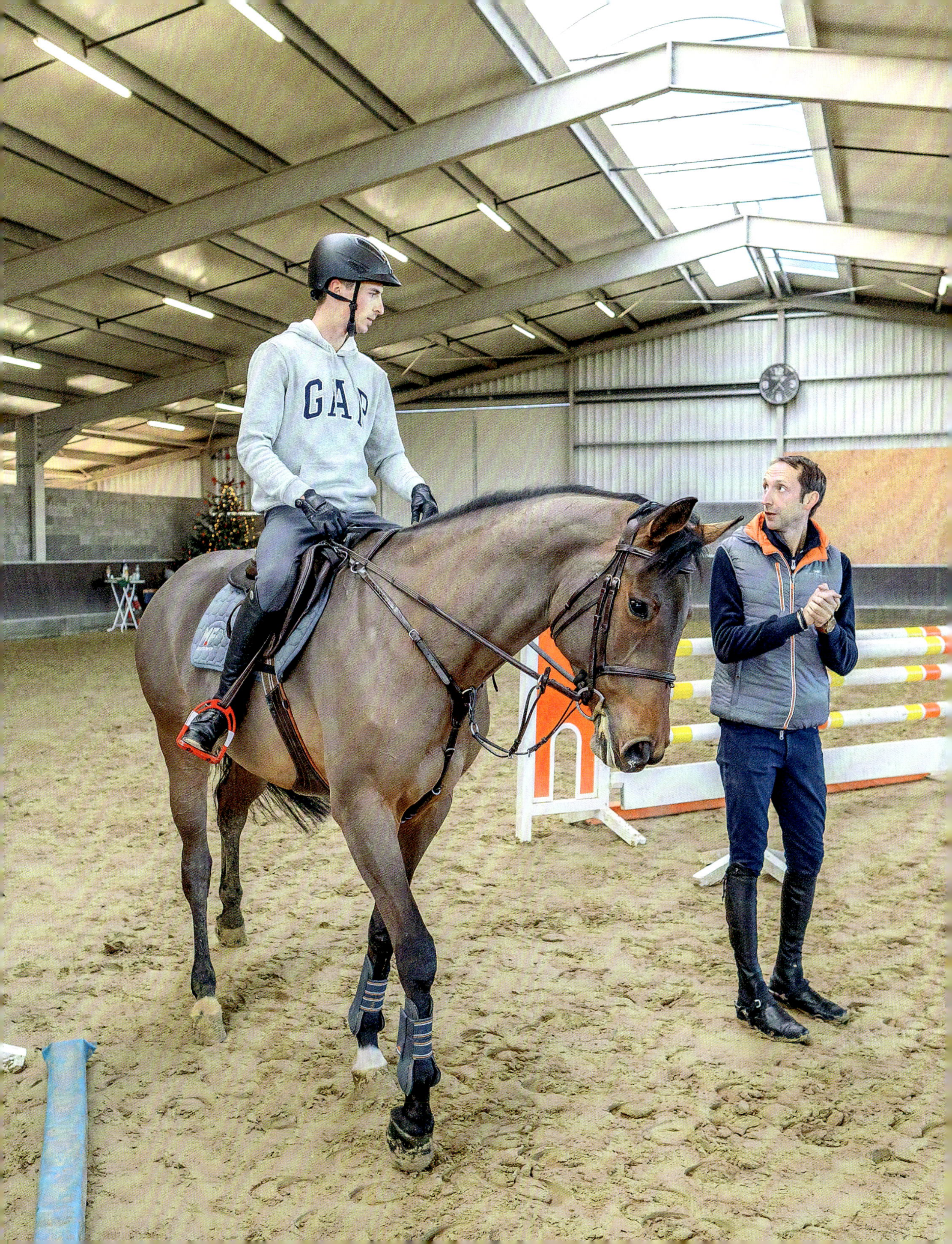
GAP

Nachwort

„Pferde sind mein Leben“: Dies ist in meinem Fall nicht nur eine emotional gesteuerte Aussage, sondern vielmehr eine Tatsache. Seit ich denken kann, sind Pferde Teil meines Lebens und haben mich durch alle meine eigenen (menschlichen) Entwicklungsphasen begleitet. Gerade in den Jahren der Ausbildung zum Sozialpädagogen wurde diese Beziehung immer wieder recht hart auf die Probe gestellt. Es gab sehr viele für mich schwierig zu beantwortende Fragen bezüglich der moralischen Vertretbarkeit. Neben der Rechtfertigung, dass nur das Reitpferd einen Platz in unserer Gesellschaft hat, stellten sich für mich die Pferde immer mehr als ein klarer und unverfälschter Spiegel des Menschen heraus. Durch meine Pferde habe ich über mich selbst wahrscheinlich mehr gelernt als durch jeden andern Einfluss. Da Pferde nicht logisch denken, sondern konsequent ihren Instinkten folgen, sind sie für mich grundehrliche Lebewesen.

Wenn ich mit jemandem drei, vier Mal Unterricht mache, kenne ich diese Person meist besser, als wenn ich sie drei Jahre „nur so“ kennen würde.

Wenn ich mit jemandem drei, vier Mal Unterricht mache, kenne ich diese Person meist besser, als wenn ich sie drei Jahre „nur so“ kennen würde. Ich rede hier natürlich nicht von Dingen wie Lieblingsfarbe oder Essgewohnheiten, sondern von sehr tief sitzenden und persönlichkeitsauszeichnenden Eigenschaften, wie zum Beispiel Frustrationstoleranz, Selbsteinschätzung, Selbstdarstellung, Umgang mit Erwartungen und Wünschen, Verständnis von Erfolg, Angstbewältigung und noch vieles mehr. Wer versteht und erkennt, wie Pferde grundsätzlich sind und wie sie instinktiv reagieren, kann dadurch den jeweiligen Reiter klar analysieren. Pferde, im Gegensatz zu Menschen, denken nie auf eine Art und handeln dann aber doch auf eine andere. Genau das führt zu einem absolut unverfälschten Spiegel jedes Reiters. Wer sich dem öffnet, hat die Möglichkeit, nicht nur an seinen oberflächlichen Schwächen wie Körperhaltung, Beweglichkeit, Sitz u. s. w., sondern auch an wirklich sehr tief liegenden Defiziten wie: falscher Ehrgeiz, Egoismus, Überschätzung, mangelndes Selbstbewusstsein, niedrige Frustrationsgrenze, Ängste usw. zu arbeiten. Die wichtigste Frage, die ich mir seit jeher stelle, ist die Frage nach dem WARUM (mein Pferd so reagiert, wie es das eben tut). Menschliche Züge wie berechnend, unlauter oder logisch reflektierend haben Pferde (glücklicherweise) nicht, somit kann nahezu jede Reaktion auf einen Auslöser, eine Ursache zurückgeführt werden. Natürlich ist jedes Pferd individuell, jedoch zeichnet sich dies lediglich durch die unterschiedlich deutlichen Ausprägungen der Instinkte aus und nicht durch verfälschte Darstellungen, wie sie bei uns Menschen doch häufig zu erkennen sind.

Beispiel: Ein Pferd zieht niemals am Zügel, um den Menschen zu ärgern oder um ihn loszuwerden (wie schon erwähnt – wäre das so, würden wir alle nicht mehr reiten). Wenn Pferde das tun, dann nur weil ihr Körper dafür einen Grund hat – selbst wenn dieser Grund der Reiter ist, geht das Pferd letzten Endes nicht gegen den Reiter an, sondern reagiert immer nur so, wie sein Instinkt und Körper es für angemessen halten. Zum Beispiel: „Verkürzen geht gerade nicht, also mach' ich mich lang."

Wer sich dessen bewusst ist, versteht auch, dass Reiter, welche sich vom Pferd persönlich angegriffen oder beleidigt fühlen, die tatsächlichen Gründe für den Widerstand nie herausfinden werden, sondern auch mit großer Wahrscheinlichkeit ungerecht gegenüber den Pferden sein werden. Aus eigener Erfahrung weiß ich, wie schwierig es ist, sich eigene Fehler einzugestehen – vor allem dann, wenn es sich eben nicht nur um oberflächliche technische Fehler, sondern um Defizite der inneren Haltung und/oder der eigenen Persönlichkeit handelt. Für keinen Reiter ist es einfach, zu erkennen und zu akzeptieren, dass einige Dinge nicht so laufen, wie geplant oder erhofft, weil das eigene Ego (und damit z. B. der Wunsch nach Erfolg) größer als das Verständnis und Einfühlvermögen für das Pferd war. Um jedoch tatsächlich als Reiter erfolgreich (völlig unabhängig von Turnierergebnissen) sein zu können, muss man sich dieser Erkenntnisse öffnen und stellen.

Beim Reiten kann man sich immer nur selbst belügen.

„Beim Reiten kann man sich immer nur selbst belügen" – gehört zu den Aussagen, die mich immer wieder daran erinnern, nicht aufzuhören, nach dem Warum zu fragen und mich körperlich wie mental selbst zu überprüfen. Körperliche Dinge wie Sitz, Beinposition oder Handhaltung können relativ schnell erlernt werden, aber um wirklich gut reiten zu können, muss man gewillt sein, an seinen tieferen Defiziten (Ego, Frustrationstoleranz, Selbsteinschätzung ...) zu arbeiten.

Warum reiten wir überhaupt? Reiten kostet überdurchschnittlich viel Zeit und Geld. Man hat eine große Verantwortung und damit verbundene Verpflichtungen, wodurch für andere Aktivitäten wie Urlaub, Freunde oder Freizeit schnell die Zeit oder das Geld fehlen kann. Wenn man dann gefragt wird (was mir bei meinen Nicht-Reiter-Freunden ständig widerfährt), wie man denn nur so verrückt sein könne, dieses Hobby zu betreiben, eignet sich wohl am besten eine Gegenfrage: „Wenn von zehn Punkten neun dagegen sprechen (was tatsächlich auch uns Reitern bewusst ist), warum reite ich dann trotzdem?"

Weil ich in meinem Leben etwas gefunden habe, was mich so sehr fasziniert und emotional bindet, dass man über all die negativen Punkte hinwegschauen kann. Das ist ein absolutes Geschenk. Nur wer sein persönliches Reiten (was auch immer das sein mag) in seinem Leben gefunden hat, wird auch Reiter verstehen.

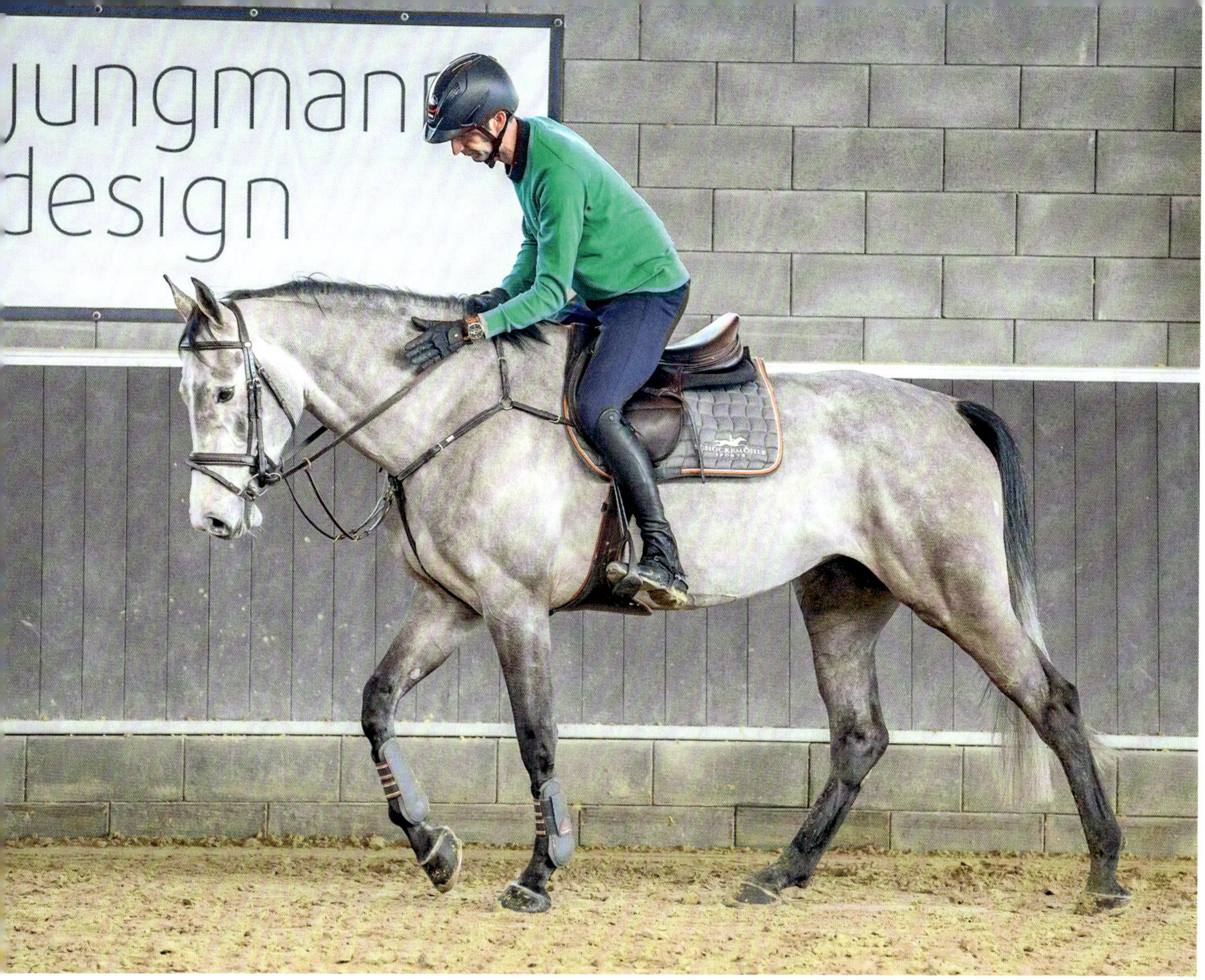

Der viel gesuchte „Sinn des Lebens“ ist bekanntlich das Leben selbst – in meinem Fall sind das die Pferde und deshalb hoffe ich wirklich sehr, mit diesem Buch weitere kleine Denkanstöße gegeben zu haben, um dem großen Ziel, den Pferden umfassend und in allen Bereichen bessere Reiter/Trainer zu ermöglichen, nähergekommen zu sein. Ich wünsche allen Lesern viel Freude MIT den Pferden.

PS: Kleiner Tipp an all die, die ihr Hobby „Reiten“ zu ihrem Beruf machen möchten. Neben dem beruflichen Reitsport hat man kein anderes Leben mehr – also entweder ist der Reitsport dein Leben (dann gibt es nichts Besseres) oder man behält es lieber als Hobby.

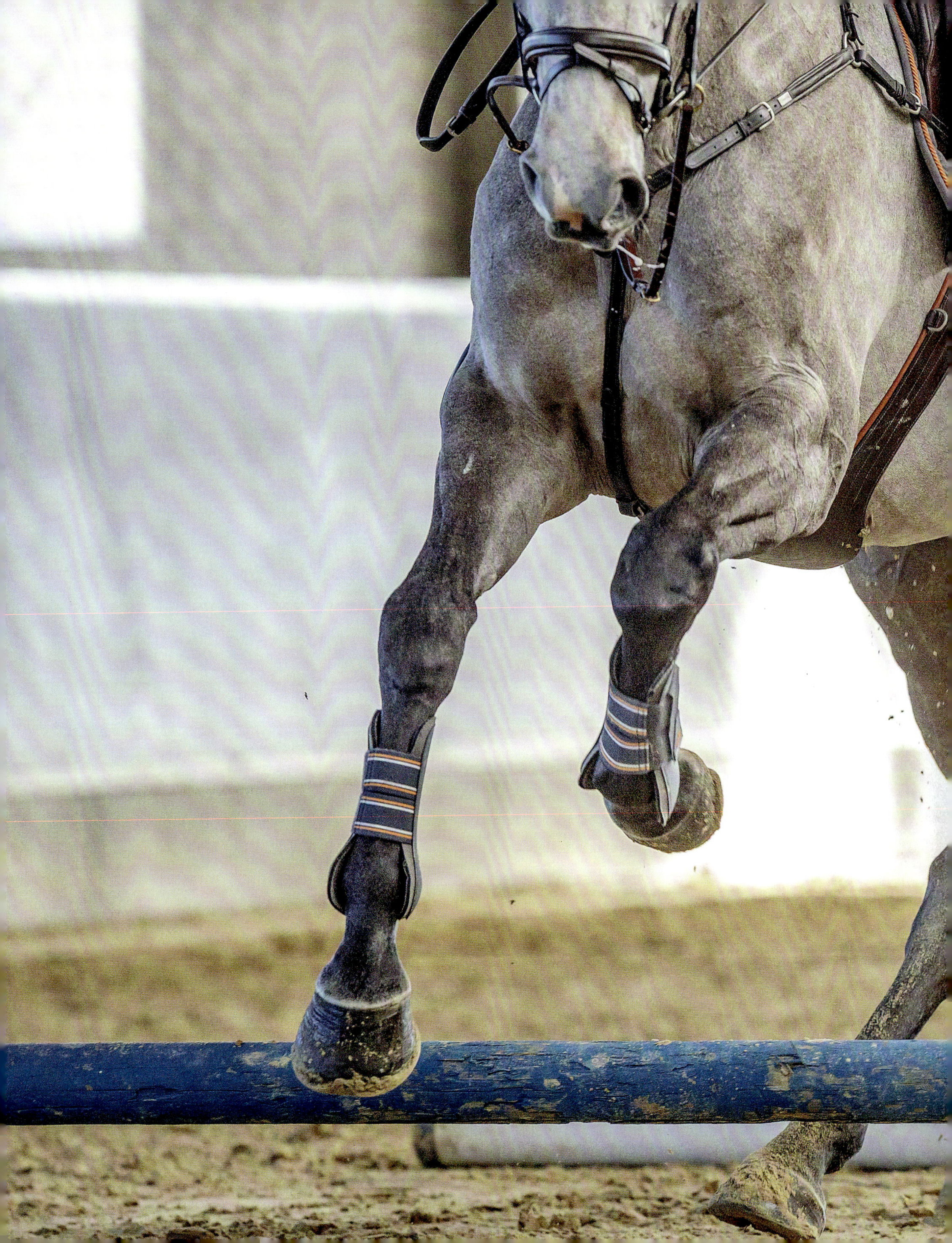

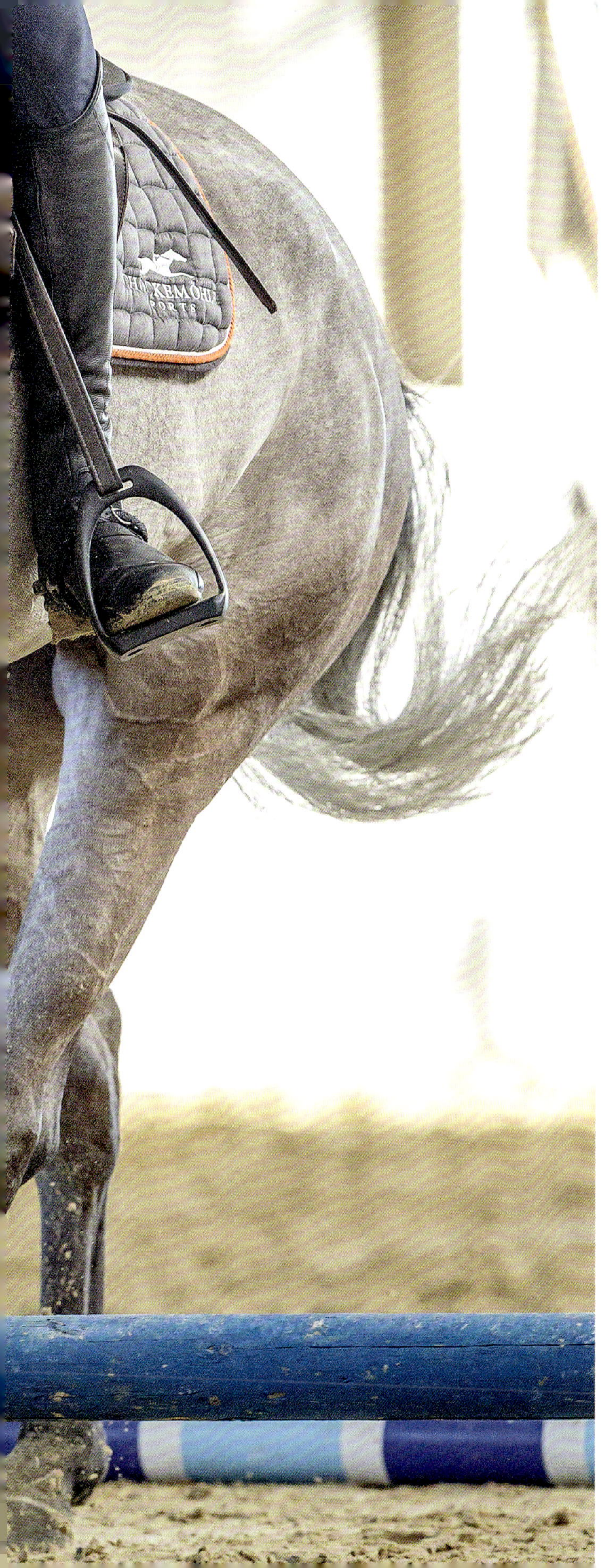

Übungen

(Trainer – Sportler)

Flatwork

Flatwork ist basismäßige Arbeit, mit dem Ziel, ein psychisch und physisch stabiles, gesundes Pferd zu erhalten. Im Fokus stehen nicht Lektionen, sondern das Pferd und dessen Fitness, Motivation und Aufmerksamkeit. Die angegebenen Abmessungen sind Richtlinien, welche durch Faktoren wie Pferdetyp, Ausbildungsstand und/oder Alter variieren können.

Kleeblatt

Diese „Kleeblattübung" ist in der Praxis deutlich anspruchsvoller, als sie auf dem Papier wirkt. Da die meisten Pferde mit einer Wendung in die aktuelle Laufrichtung rechnen, zeigt sich sehr schnell, ob das Pferd tatsächlich auf die Hilfen des Reiters achtet oder nicht. Die Stangen verhindern ein in die oder aus der Wendung kippen. Diese Übung lässt sich im Schritt, Trab und Galopp reiten.

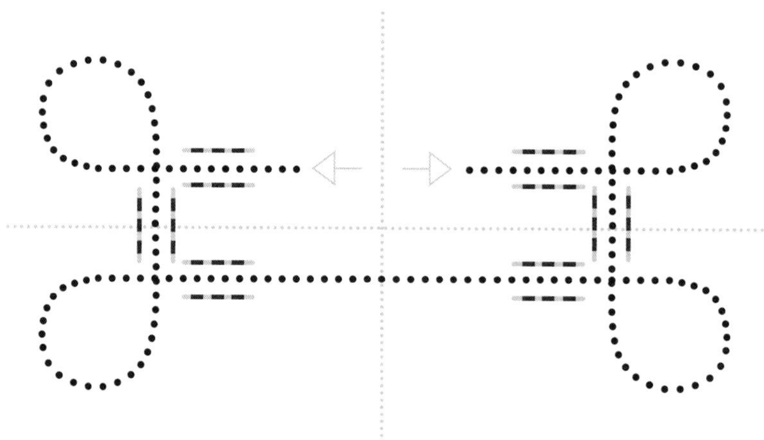

Stange-Cavaletti-Stange

Diese auf der gebogenen Linie aufgebaute Übung kann ohne Weiteres in das tägliche Training eingebaut werden. Das mittige Überwinden der Stangen schult Balance und Längsbiegung des Pferdes sowie Koordination und Distanzgefühl des Reiters.

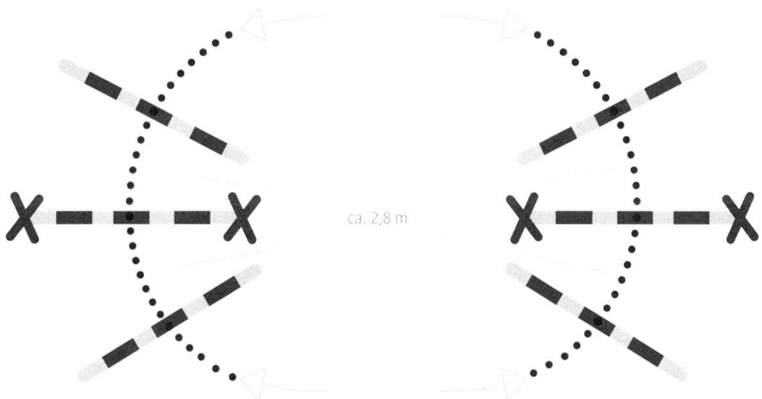

In und aus der Ecke

Diese Übung fordert und fördert Koordination, Balance sowie einen sicheren Galoppwechsel über Stangen. Durch die begrenzenden Pylonen sind Pferd und Reiter angehalten, den geplanten Weg sauber einzuhalten. Diese Übung lässt sich mit Bodenstangen, Cavaletti oder kleinen Sprüngen kombinieren.

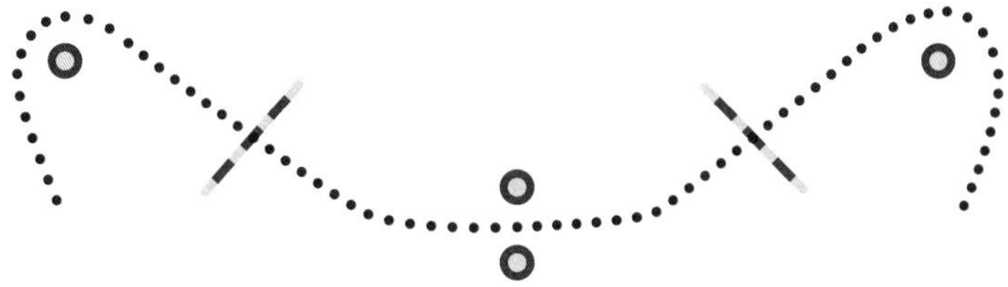

Springgymnastik

Springgymnastik dient unter anderem der Verbesserung von Rhythmus, Technik und Reaktion. Folgende Übungen und deren Abmessungen sind gezielt abgestimmt und weichen daher von normalen Turnierabständen ab. Die angegebenen Abmessungen sind Richtwerte, welche durch Faktoren wie Pferdetyp, Ausbildungsstand und/oder Alter variieren können.

Der Weg ist das Ziel

Diese Übung fordert höchste Aufmerksamkeit von Pferd und Reiter. Die zahlreichen Wegvarianten in Verbindung mit einer Kombination zeigen sehr schnell, wie klar der Reiter in seinen Entscheidungen ist und wie aufmerksam das Pferd diesen folgt. Bei dieser Aufgabe sollten die Hindernisse nicht höher als ein Meter gebaut werden, da es in erster Linie um Weg und Rhythmusentscheidungen geht.

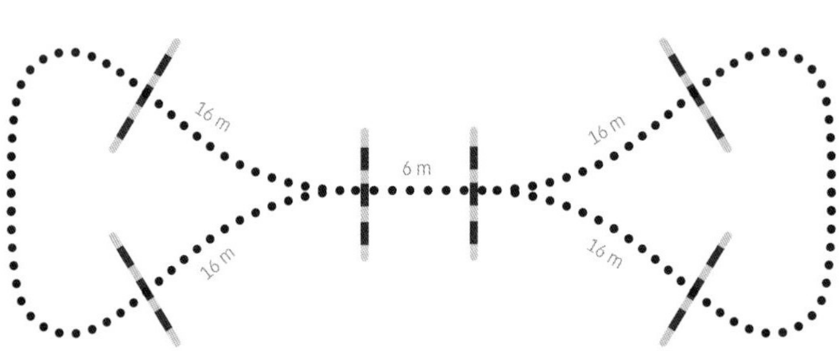

All in one

Bei dieser Übung werden nahezu alle fürs Springreiten relevanten Punkte überprüft und trainiert. Die Diagonalen fordern Geraderichtung, Aufmerksamkeit und Balance. Die gebogenen Cavalettiübungen Koordination und Längsbiegung. Kombiniert man diese Aufgaben, wird zusätzlich Übersicht und Reaktionsvermögen trainiert/überprüft. Die beiden Sprünge (Kreuze) auf der Diagonale sollten nicht höher als max. 1,20 Meter aufgebaut werden.

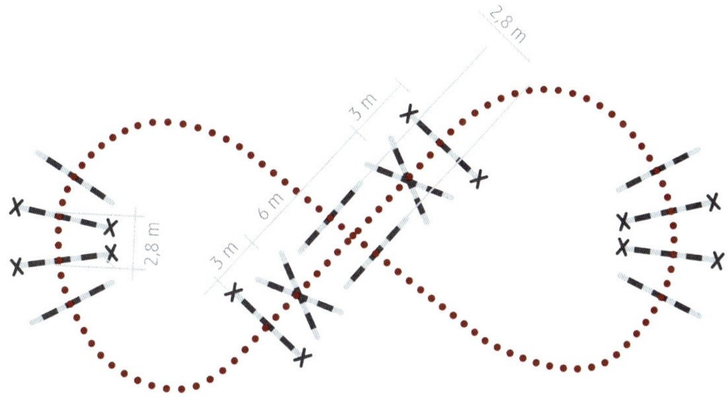

Gymnastikparcours kleine Halle

Dieser Aufbau eignet sich vor allem für kleinere Hallen (20 x 40 Meter). Eine Linie, eine Reihe und zwei einzelne Sprünge zum Aufwärmen. Die Hindernisse stehen so, dass sie ohne Unterbrechung und von allen Richtungen geritten werden können.

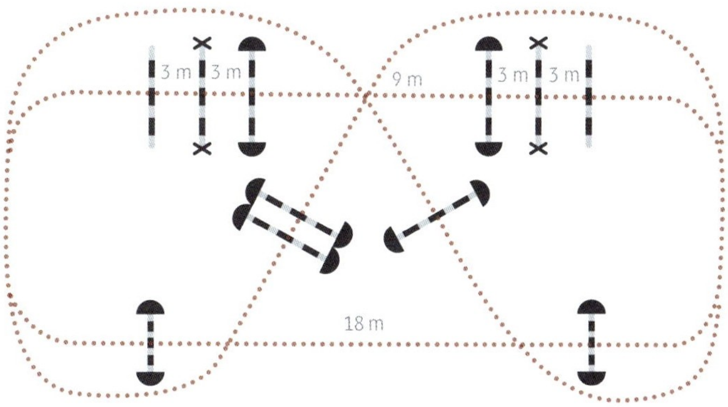

Übungsaufgaben Dressur

Folgende Übungen sind verschiedene Bewegungsaufgaben, welche die Fitness, Motivation und Aufmerksamkeit des Pferdes deutlich verbessern und somit das auf Turnieren geforderte Lektionenreiten spürbar vereinfacht.

A-Niveau

Angedeutete Diagonale

Bei dieser Übung wird aus der Wendung eine Diagonale eingeleitet. Kurz nach X reitet man dann jedoch eine Linkswendung und beginnt die Aufgabe von vorne. Diese unerwartete Spurveränderung ist für viele Reiter-Pferd-Paare schwieriger als erwartet. Erst wenn das Pferd auf der Diagonale aufmerksam bleibt, wird die Diagonale bis zum Ende fortgesetzt.

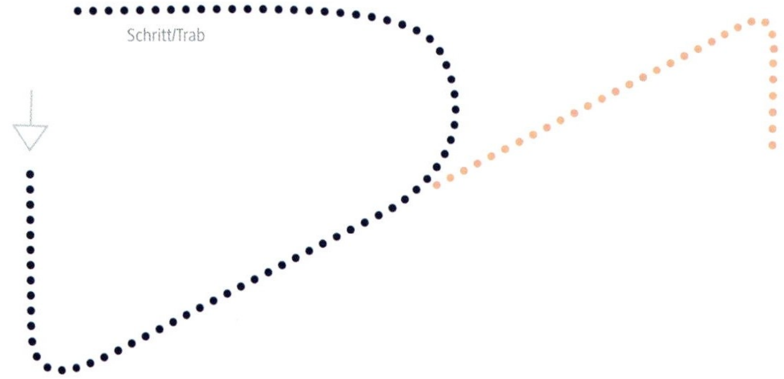

Vierteldiagonale 1

Bei dieser Übung wird eine gerade Linie von beispielsweise E zu A gefordert. Dieser, den Pferden meist ungewohnte Weg (fern der Bande) kann schnell zu Orientierungs- und Balanceproblemen führen. Die Vierteldiagonalen können in allen drei Grundgangarten geritten werden.

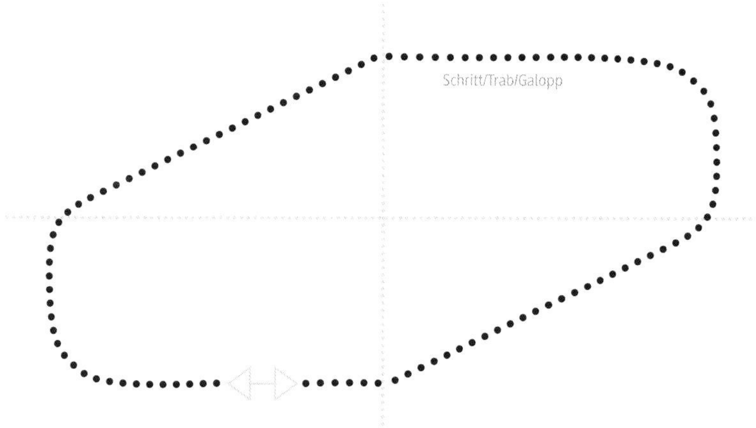

Viertellinien

Das Reiten auf den Viertellinien verbessert sowohl Balance und Aufmerksamkeit als auch Wendigkeit und Linienführung. Durch das Reiten auf freier Linie kann sich das Pferd nicht an der Bande orientieren, sondern muss genau den Spurvorgaben des Reiters folgen.

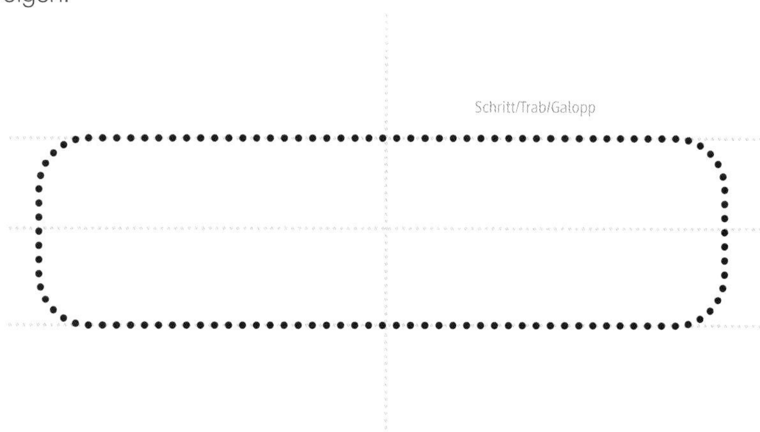

L-Niveau

Angedeutete Diagonale

Vor allem die Wechsel zwischen Längsbiegung und Geraderichtung müssen immer wieder geübt und stabilisiert werden. Genau dafür eignet sich diese Übung hervorragend. Diese Spurwahl beinhaltet Längsbiegung, Geraderichtung und Handwechsel – ein komplettes Training!

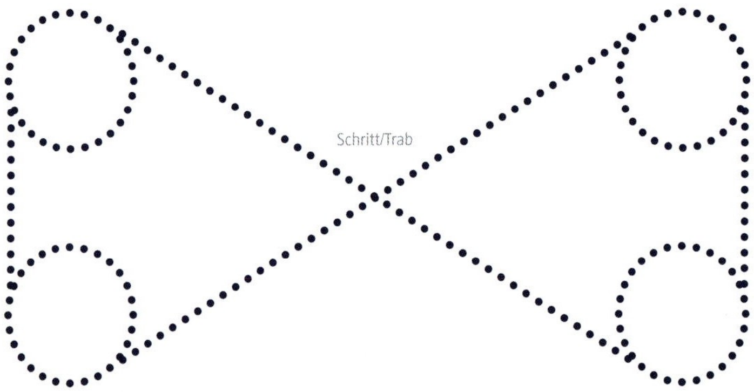

Zulegen im Außengalopp

Auch im Außengalopp sollte das Pferd einen guten Galoppsprung machen und nicht flach außen rum laufen. Hierfür eignet sich ein klares Zulegen an der langen Seite. Das Pferd lernt unabhängig von der Ausrichtung, gut zu galoppieren, was den Außengalopp klar verbessert.

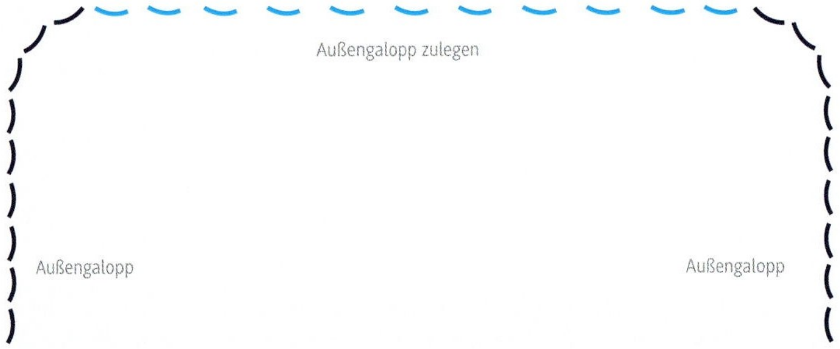

Volten auf Mittellinie

Diese Übung ist – bei korrekter Ausführung – deutlich anspruchsvoller, als man meint. Im Linksgalopp auf die Mittellinie – kurz vor X ein Trabübergang – bei X Volte links und Volte rechts – kurz nach X im Rechtsgalopp angaloppieren. Die kurze Folge von Gangart- als auch Spurwechsel fordert höchste Konzentration von Pferd und Reiter.

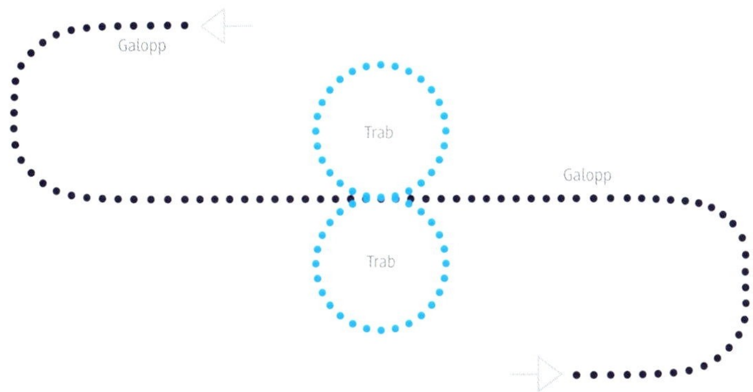

Aus der Ecke – Volte – in die Ecke

Die ständigen Spurwechsel fordern ein hohes Maß an Konzentration und Balance. Es gibt die Möglichkeit, zwischen einem „In-die-Ecke-kehrt" und einem „Aus-der-Ecke-kehrt" zu variieren. Der genauen Spurwahl sollte viel Aufmerksamkeit geschenkt werden. Diese Aufgabe kann in einer großen Halle ebenso wie in einer kleinen gefordert werden.

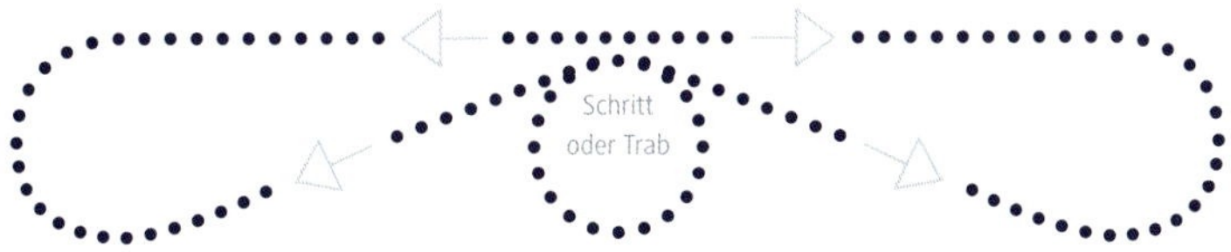

M-Niveau

Von Außengalopp zu Außengalopp

Diese Übung fordert klare Trennung von Weg, Gangart und Ausrichtung. Im Außengalopp durch die Wendung – auf die Diagonale – fliegender Galoppwechsel bei X – Diagonale gerade gerichtet beenden – im Außengalopp weiter. Richtung und Galoppwahl weichen ständig voneinander ab und fordern daher volle Konzentration von Pferd und Reiter.

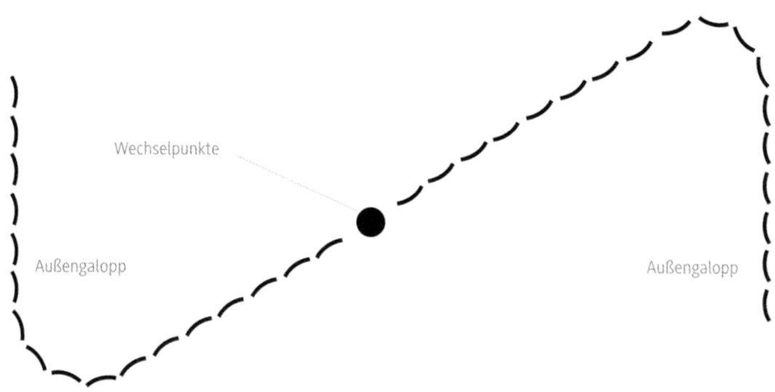

Unterbrochene Traversalen

Traversale – geradeaus – Traversale – geradeaus … diese Aufgabe überprüft den Wechsel zwischen Seitwärtsbewegung/Längsbiegung und Geradeaus/Geraderichtung. Gefordert ist ein Pferd, welches genau auf die Vorgaben des Reiters achtet und nicht nur konditionierte Lektionen abspult. Eine kraftraubende und koordinativ anspruchsvolle Übung.

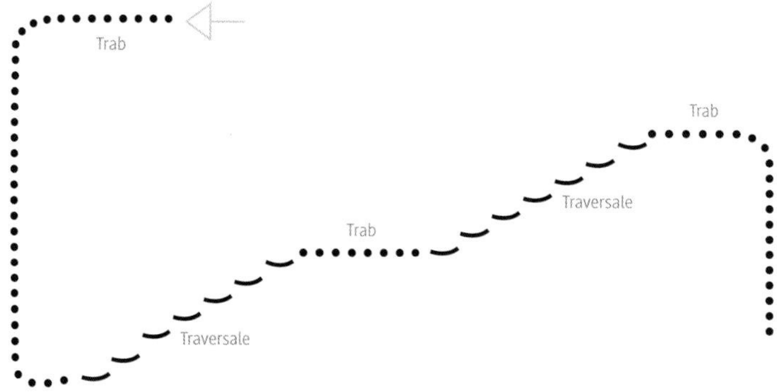

Diagonale Travers

Die optimale Einleitungsübung für ausdrucksstarke Traversalen. Aus der Ecke zunächst auf die gerade Diagonale – auf diesem geraden Weg Travers links (Linksstellung und Biegung – Vorderbeine bleiben auf der Diagonalspur – die Hinterhand kreuzt nach links). Der Unterschied zu einer Traversale liegt darin, dass das Pferd deutlicher Richtung Ende der Diagonale ausgerichtet ist und dadurch leichter den Fluss aufrechterhalten kann.

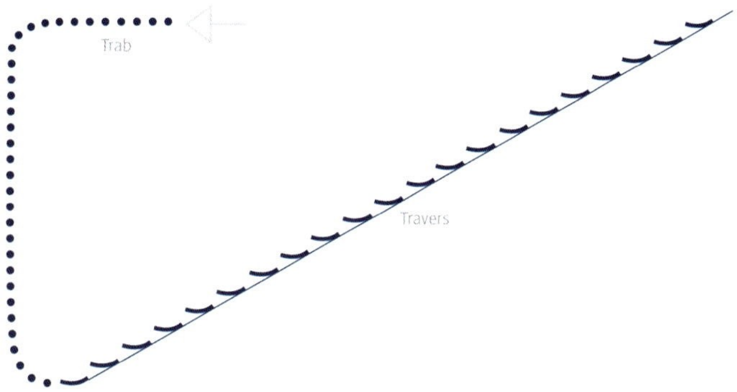

Kleeblatt Variante

Eine anspruchsvolle Übung, die ein hohes Maß an Kontrolle, Balance und Übersicht erfordert. Die ungewöhnliche Spurwahl im Zusammenhang mit Volten stellt die Feinabstimmung zwischen Pferd und Reiter auf die Probe. Die Größe der Volten kann, je nach Ausbildungsstand, variiert werden.

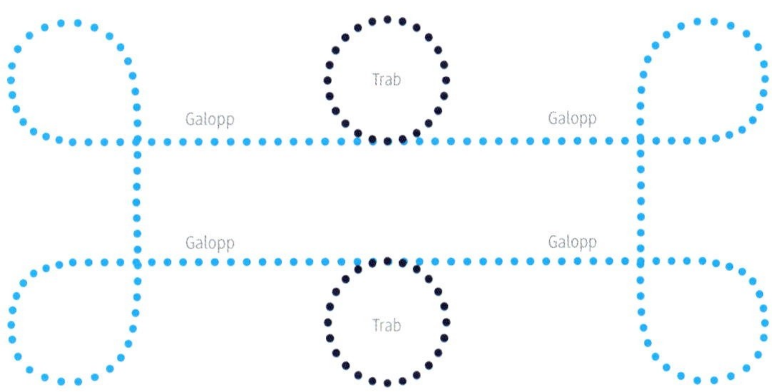

S-Niveau

Kurze Seiten nutzen

Die kurze Seite des Dressurvierecks sollte nicht nur zur Überbrückung, sondern sinnvoll genutzt werden. Die beiden Übungen „fliegender Galoppwechsel in den Außengalopp bei A“ und „halbe Tritte (Trab) über C“ fordern ein hohes Maß an Konzentration. „Ecke – kurze Seite – Ecke“ als wichtigen Bereich annehmen und nutzen! Bewusst reiten und nicht überbrücken.

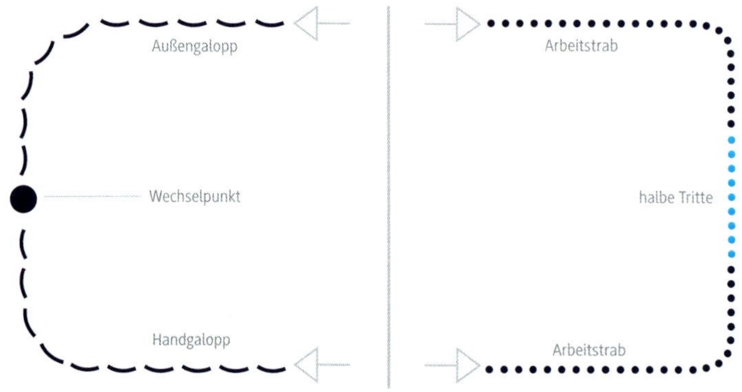

Umfassendes Bewegungstraining

Diese Übung überprüft und fordert nahezu alle im Trab möglichen Bewegungsaufgaben. Das Aneinanderreihen der verschiedenen Aufgaben verbessert den kompletten Pferdekörper und fordert neben Beweglichkeit ein hohes Maß an Reaktion, Aufmerksamkeit und Fitness.

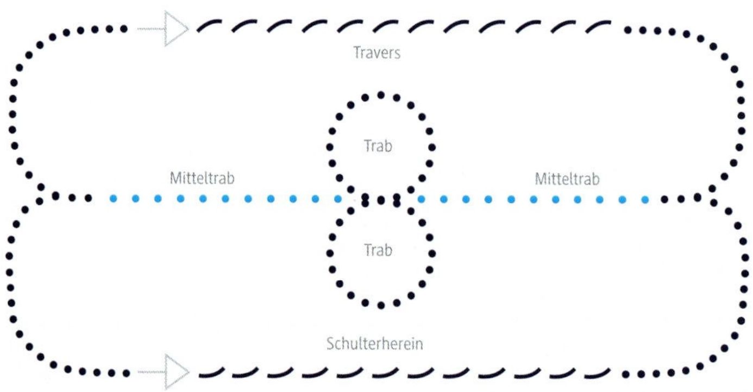

Traversale – Wechsel – Volte

Durch diese Übung wird der Wechsel von Längsbiegung (Traversale, Volte) und Geraderichtung (Galoppwechsel) trainiert und/oder überprüft. Die Volten veranlassen das Pferd, die richtige Längsbiegung zu erreichen. Der Richtungswechsel auf der Mittellinie zeigt deutlich, wie flexibel das Pferd in der Oberlinie ist.

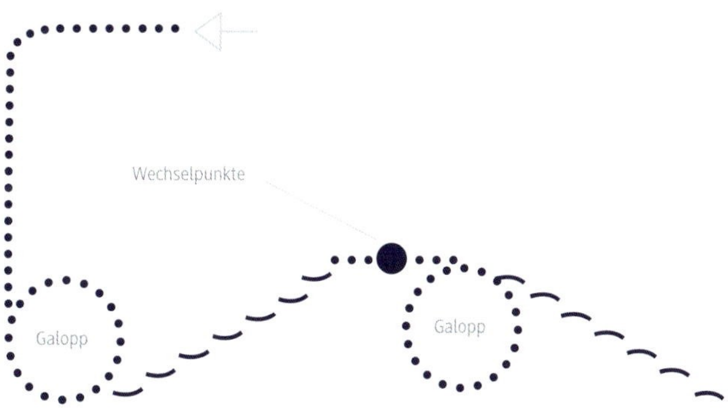

Arbeitspirouette – Traversale – Arbeitspirouette

Ähnlich wie die Übung „Volten in der Traversale" – nur deutlich anspruchsvoller. Bereits der Einstieg in diese Aufgabe ist nicht simpel. Von der linken Hand kommend bei K links um – zwischen D und F eine Arbeitspirouette (Wendekreis Hinterbeine 2 – 4 Meter) – direkt anschließend Traversale links Richtung H – über X wieder eine Arbeitspirouette – danach die Traversale Richtung H fortsetzen.

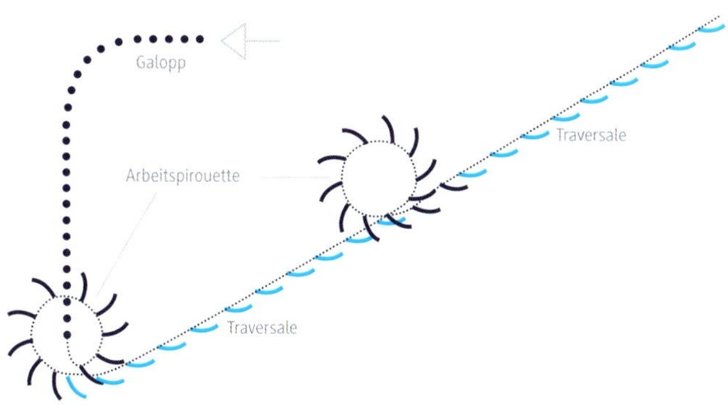

Stangenarbeit

Stangenarbeit verbessert Takt, Balance, Aufmerksamkeit und Koordination und sollte daher Teil jeder Grundausbildung sein. Die angegebenen Abmessungen sind Richtlinien, welche durch Faktoren wie Pferdetyp, Ausbildungsstand und/oder Alter variieren können.

Variable Schlangenlinien

Es werden klassische Schlangenlinien in drei (20 x 40 Meter Halle) oder vier Bögen (20 x 60 Meter) angelegt, jedoch entscheidet man erst zwischen den Stangen, ob die Schlangenlinie auf derselben Hand oder durch einen Handwechsel fortgesetzt wird. Diese Aufgabe kann im Schritt, Trab oder Galopp (min. M-Niveau) geritten werden und überprüft, ob und wie gut die eigenen Entscheidungen vermittelt und angenommen werden.

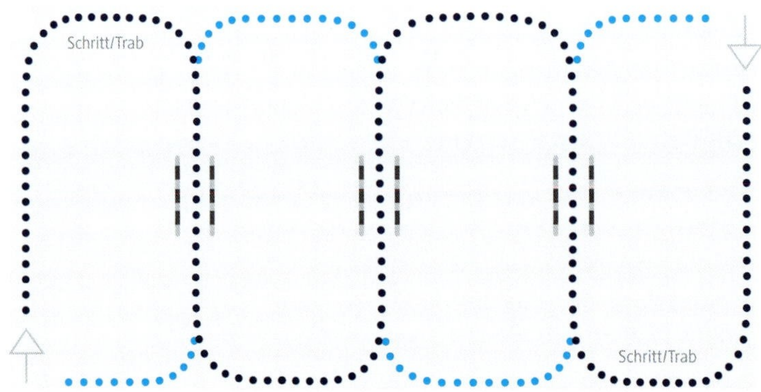

Unrhythmische Trabstangen

In unterschiedlichen Abständen liegende Stangen sieht man sehr selten, obwohl diese Übung gerade für unkonzentrierte oder bequeme Pferde optimal ist, um deren Aufmerksamkeit und Reaktion zu verbessern. Ein Hinzufügen von Cavaletti macht diese Übungen noch etwas anspruchsvoller, da die Pferde gefordert werden, ihre Beine vermehrt anzuheben und deutlicher abzufußen.

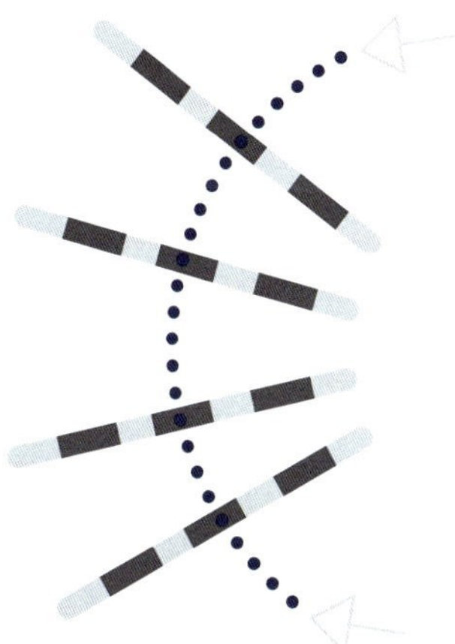

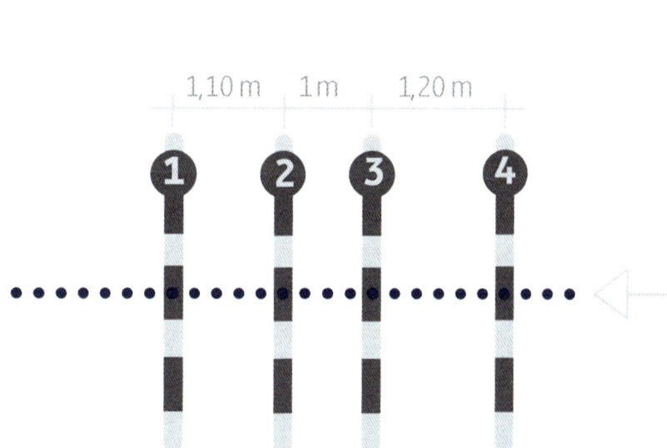

Anspruchsvoller Achter

Diese Übung wird Schritt für Schritt aufgebaut. Erst nur der Zirkel mit den Trabstangen – danach der Zirkel mit den Galoppstangen. Erst wenn die einzelnen Abschnitte sicher sind, können sie durch einen Übergang oder einen Handwechsel zwischen den beiden mittigen Bodenstangen kombiniert werden. Gefordert ist ein hohes Maß an Aufmerksamkeit und Koordination von Pferd und Reiter.

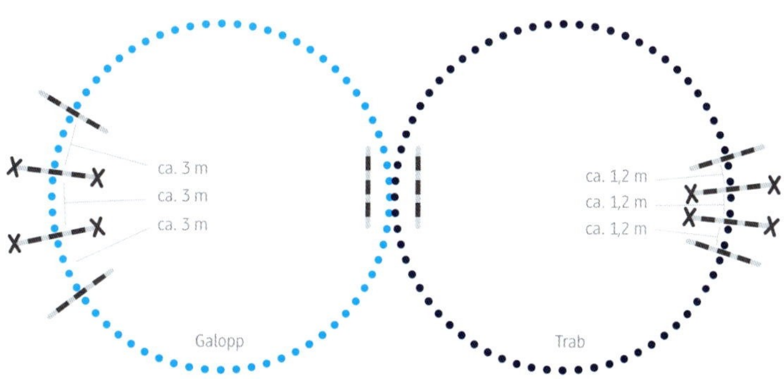

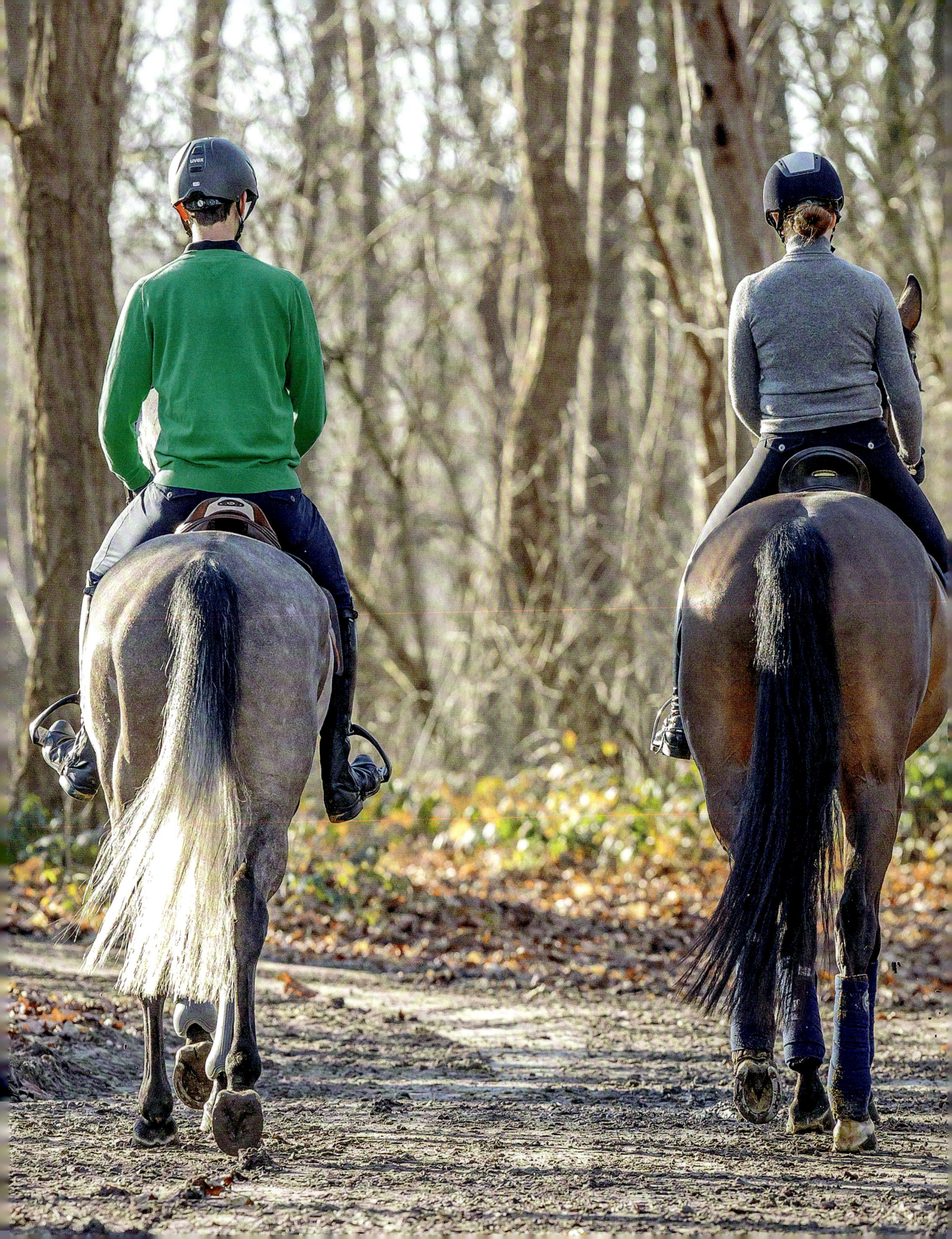

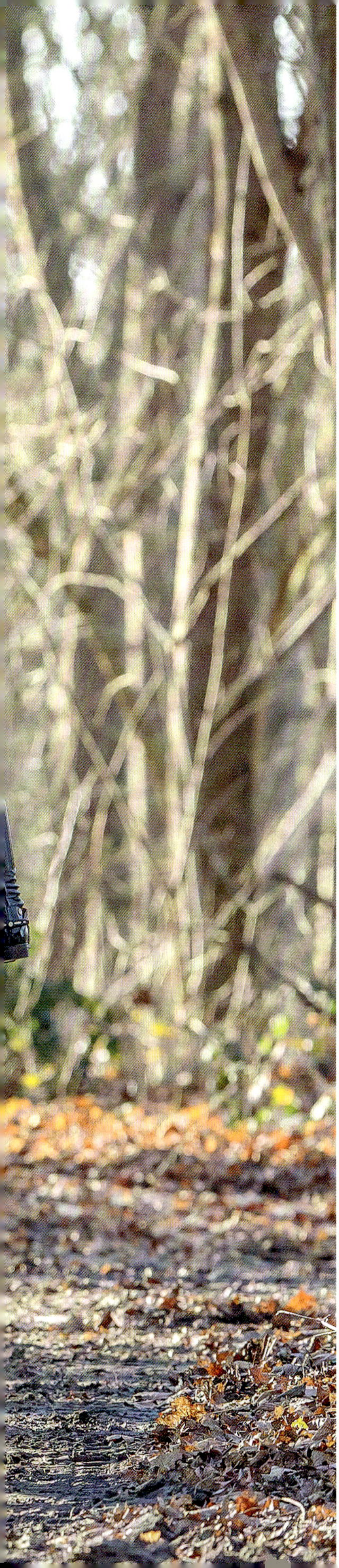

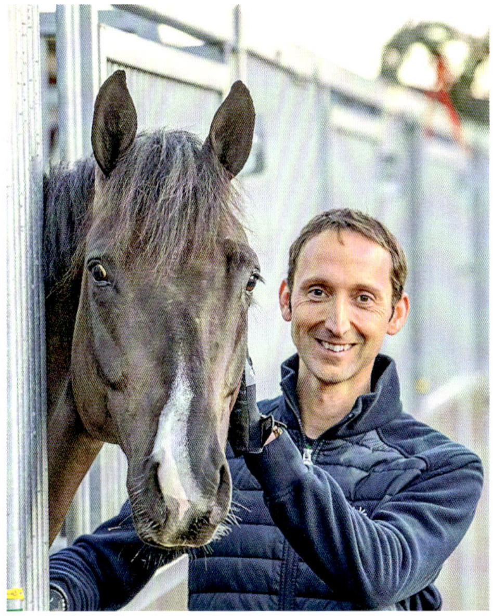

Michael Fischer wurde am 28. April 1981 in Baden bei Wien geboren. Bereits während seiner Schulzeit war er erfolgreich im Springsattel bis zur schweren Klasse unterwegs, trainierte aber auch mit der Dressurlegende Georg Wahl sowie den beiden Weltklasse-Springreitern Thomas Frühmann und Franke Sloothaak. Er studierte Sozialpädagogik und schloss das Studium 2001 mit dem Diplom ab.

Dann widmete er sich ganz der Reiterei mit Schwerpunkt Springen, arbeitete als Bereiter in internationalen Ställen wie bei Marc Houtzager und Paul Schockemöhle, trainierte aber auch weiterhin mit Dressurgrößen, wie dem Oberbereiter der spanischen Hofreitschule Arthur Kottas-Heldenberg.

Seit 2008 betreibt er gemeinsam mit seiner Frau Mercedes Fischer-Busse einen Turnier- und Trainingsstall in Frechen bei Köln, das Paar hat zwei Söhne. Besonders wichtig ist Michael Fischer das Thema Kommunikation und Vermittlung von Wissen, so vereint er seine Erfahrung aus dem Spitzenreitsport mit seinen pädagogischen Fähigkeiten und will so reiterliche Fähigkeiten in der Basis fördern – zum Wohle der Pferde.

Dein persönlicher Begleiter
für gutes Reiten und gesunde Pferde.

IMPRESSUM

LV.Buch im Landwirtschaftsverlag GmbH, 48084 Münster

7. Auflage 2025

Autor: Michael Fischer, www.mf-reitsport.de
Fotografie: Stefan Lafrentz, Marc Jungmann, Manfred Fischer, Andrea Horn
Redaktion/Lektorat: Sylvia Sanchéz
Gestaltung: Jungmann-Design, www.jungmann-design.de
Titelgestaltung: LV.Buch im Landwirtschaftsverlag GmbH
Herstellung: LV MediaPro im Landwirtschaftsverlag GmbH,
Anja Luszek-Hoffmann (Ltg.), Ingo Feyka
Druck: Westermann Druck Zwickau GmbH
ISBN 978-3-7843-5669-3